CONTENTS

●令和5年度　社会保険トピックス ……………… 2
●社会保険の主な事務手続きと提出先 ……… 4
●マイナンバーの取扱い ………………………… 6
●電子申請・電子媒体による届出 …………… 7

1 標準報酬月額 ……………… 9
標準報酬月額 ……………………… 9
報酬の範囲 ………………………… 9
標準報酬月額の決め方 …………… 10
標準報酬月額の決定・改定 ……… 10

2 定時決定 ……………… 12
算定基礎届 ………………………… 12
算定基礎届の対象者 ……………… 12
報酬月額の算定方法 ……………… 12
保険者算定（修正平均） ………… 13
算定基礎届の準備 ………………… 14

3 随時改定（月額変更届） ……… 21
随時改定 …………………………… 21

4 保険料の額と納め方 ……… 26
保険料の額 ………………………… 26
保険料の納め方 …………………… 27
標準賞与額に対する保険料 ……… 27
産前産後休業・育児休業等期間中の保険料 …… 29

5 従業員を採用したとき ……… 31
被保険者 …………………………… 31
被保険者資格の取得 ……………… 32
被扶養者 …………………………… 33
国民年金の被保険者 ……………… 34
基礎年金番号 ……………………… 36
健康保険の被保険者証 …………… 36

■介護保険 ………………… 37

6 従業員が退職したとき ……… 38
被保険者資格の喪失 ……………… 38
被保険者資格喪失届 ……………… 39
人事異動があったとき …………… 40
資格喪失後の社会保険 …………… 40

7 年金の給付 ……………… 42
【国民年金】老齢給付 …………… 42
【国民年金】障害給付 …………… 42
【国民年金】遺族給付 …………… 42
【厚生年金保険】老齢給付 ……… 43
【厚生年金保険】障害給付 ……… 43
【厚生年金保険】遺族給付 ……… 43
老齢給付年金請求書 ……………… 47
失業等給付と年金の調整 ………… 47

8 健康保険の給付 ……………… 50
本人・家族が病気・けがをしたとき …… 50
一部負担金が高額になったとき … 51
本人が病気・けがのため仕事につけないとき … 52
本人（家族）が出産したとき …… 52
本人（家族）が死亡したとき …… 53
退職後の給付 ……………………… 53
高額医療費・出産費貸付制度 …… 54
第三者行為による傷病届 ………… 56

9 労働保険のあらまし ……… 58
労働保険料のしくみ ……………… 58
労働保険の給付 …………………… 59

JN118860

令和5年度　社会保険トピックス

年金 Topics　令和5年度の年金額は0.4%の引下げ

　年金額の改定は、名目手取り賃金変動率が物価変動率を上回る場合、新規裁定者（67歳以下の人）の年金額は名目手取り賃金変動率を、既裁定者（68歳以上の人）の年金額は物価変動率を用いて改定することが法律で定められています。

　令和5年度の年金額は、新規裁定者は名目手取り賃金変動率（2.8%）を、既裁定者は物価変動率（2.5%）を用いて改定します。

　また、令和5年度のマクロ経済スライドによる調整（▲0.3%）と、令和3年度・令和4年度のマクロ経済スライドの未調整分による調整（▲0.3%）が行われます。

　よって、令和5年度の年金額の改定率は、新規裁定者は2.2%、既裁定者は1.9%となります。

●【標準モデル世帯の年金額の例】令和5年度（月額）

　平均的な収入（平均標準報酬43.9万円〔賞与を含む月額換算〕）で40年間就業した場合に受け取り始める年金（老齢厚生年金と2人分の老齢基礎年金〔満額〕）の給付水準は下記のとおりです。

国民年金 老齢基礎年金（満額）　1人分	新規裁定者（67歳以下）	既裁定者（68歳以上）
	66,250円	66,050円
	（令和4年度：64,816円）	

厚生年金 夫婦2人分の老齢基礎年金を含む 標準的な年金額	224,482円 （令和4年度：219,593円）

年金 Topics　令和5年度の国民年金保険料

　平成16年の年金制度改正で国民年金の保険料額は毎年引き上げられることになり、平成29年度に上限（平成16年度価格水準で16,900円）に達し、引き上げが完了しました。そのうえで、次世代育成支援のため、国民年金第1号被保険者（自営業の人など）に対して産前産後期間の保険料免除制度が平成31年4月から施行されたことに伴い、令和元年度分より平成16年度価格水準で保険料が月額100円引き上がり、17,000円となりました。

　実際の保険料額は、平成16年度価格水準を維持するため、国民年金法第87条第3項の規定により名目賃金の変動に応じて毎年度改定されます。

令和5年度 国民年金保険料額（月額）	令和4年度	令和5年度	令和6年度
	16,590円	16,520円	16,980円

年金 Topics　特例的な繰下げみなし増額制度【令和5年4月施行】

　令和4年4月、老齢年金の繰下げ受給の上限年齢が70歳から75歳に引き上げられ、年金の受給開始時期を75歳まで自由に選択できるようになっています。

　令和5年4月から、70歳到達後に繰下げ申出をせずにさかのぼって本来の年金を受け取ることを選択した場合でも、請求の5年前の日に繰下げ申出したものとみなし、増額された年金の5年間分を一括して受け取ることができます。

特例的な繰下げみなし増額制度の対象となる人は次のいずれかに該当する人です。

①昭和27年4月2日以降生まれの人（令和5年3月31日時点で71歳未満の人）

②老齢基礎・老齢厚生年金の受給権を取得した日が平成29年4月1日以降の人（令和5年3月31日時点で老齢基礎・老齢厚生年金の受給権を取得した日から起算して6年を経過していない人）

80歳以降に請求する場合や、請求の5年前の日以前から障害年金や遺族年金を受け取る権利がある場合は、特例的な繰下げみなし増額制度は適用されません。

また、65歳以降に厚生年金保険に加入していた期間がある場合や、70歳以降に厚生年金保険の適用事業所に勤務していた期間がある場合に、在職老齢年金制度により支給停止される額は増額の対象になりません。

健保Topics 出産育児一時金が42万円から50万円に引き上げられます【令和5年4月施行】

出産育児一時金とは、健康保険法等に基づく保険給付として、健康保険の被保険者やその被扶養者が出産したとき、出産に要する経済的負担を軽減するため、一定の金額が支給される制度です。

出産費用が年々増加するなか、子育て世帯の負担を軽減するため、この出産育児一時金が令和5年4月1日より、42万円から50万円に引上げられました。

なお、産科医療補償制度に加入していない医療機関等での出産の場合、支給額は48.8万円となります。

社会保険の主な事務手続きと提出先 ～届出や申請書によって提出先が異なります～

　事業所や被保険者の資格、保険料等に関する届出は年金事務所、健康保険証の発行や、任意継続被保険者にかかわる業務、健康保険の給付等に関する業務は協会けんぽが行っています。それぞれの届出書・申請書の提出先は次のようになります。

**　なお、組合管掌健康保険、厚生年金基金の加入事業所では、それぞれの保険者に手続きが必要です。**

年金事務所または事務センター（郵送のみ）へ提出

		届け出るとき	届・申請書
適　用事 業 所		事業所の名称や所在地が変わったとき	• 適用事業所名称／所在地変更（訂正）届
		事業主（代表者）の変更や事業の種類等の変更があったとき	• 事業所関係変更（訂正）届
被保険者資　　格		従業員を雇用したとき 転勤者が転入したとき	• 被保険者資格取得届／70歳以上被用者該当届 【被扶養者がある場合】 • 被扶養者（異動）届／国民年金第3号被保険者関係届 ※雇用保険被保険者資格取得届　　※雇用保険被保険者転勤届
		被保険者が退職、死亡したとき	• 被保険者資格喪失届／70歳以上被用者不該当届 ※雇用保険被保険者資格喪失届（離職票の交付を必要としない場合に限る）
		被保険者が70歳になったとき（70歳前の標準報酬月額と、70歳以降の標準報酬月額に変更がない場合は不要）	• 厚生年金保険被保険者資格喪失届／70歳以上被用者該当届
		70歳以後も厚生年金保険に任意加入するとき	• 高齢任意加入被保険者資格取得申出・申請書
標　　準報 酬 月額・賞与		定時決定（毎年7月、1年間の標準報酬月額を決めなおす）のとき	• 被保険者報酬月額算定基礎届／70歳以上被用者算定基礎届 ※「被保険者報酬月額算定基礎届総括表」は廃止されました。 【提出期限：7月1日～7月10日（休日の場合は翌日以降の最初の開所日）まで】
		随時改定（昇降給などで給料が大幅に変わったとき決めなおす）のとき	• 被保険者報酬月額変更届／70歳以上被用者月額変更届
		賞与、期末手当など標準報酬月額の対象以外の報酬が支給されたとき（年3回以下）	• 被保険者賞与支払届／70歳以上被用者賞与支払届 ※「被保険者賞与支払届総括表」は廃止されました。
		日本年金機構に登録している賞与支払予定月に賞与を支給しなかったとき	• 賞与不支給報告書
産前産後休　　業・育児休業		被保険者が産前産後休業・育児休業期間中の保険料免除を受けるとき 産前産後休業・育児休業予定日前に終了したとき	• 産前産後休業取得者申出書／変更（終了）届 • 育児休業等取得者申出書（新規・延長）／終了届
		産前産後休業・育児休業等終了時改定（産前産後休業・育児休業等終了後の給料低下により決めなおす）のとき	• 産前産後休業終了時報酬月額変更届／70歳以上被用者産前産後休業終了時報酬月額相当額変更届 • 育児休業等終了時報酬月額変更届／70歳以上被用者育児休業等終了時報酬月額相当額変更届
		3歳に満たない子を養育することにより、標準報酬月額が低下したとき	• 養育期間標準報酬月額特例申出書・終了届
		特例の申出に係る子を養育しなくなったとき、または死亡したとき	
諸 変 更		被保険者の氏名が変わったとき	• 被保険者氏名変更（訂正）届＊
		被保険者の住所が変わったとき	• 被保険者住所変更届＊
被扶養者		被扶養者を追加・削除するとき（任意継続被保険者は除く）	• 被扶養者（異動）届／国民年金第3号被保険者関係届
基　　礎年 金 番 号		基礎年金番号通知書の再交付を受けようとするとき	• 基礎年金番号通知書再交付申請書
		基礎年金番号（年金手帳）を2以上持っているとき	• 基礎年金番号重複取消届
国民年金（第3号）		第3号被保険者に該当したとき、または該当しなくなったとき	• 国民年金第3号被保険者関係届
		第1号または第2号から第3号に変わったとき	
		第3号から第1号に変わったとき [本人が14日以内に市（区）町村へ届出]	• 国民年金被保険者資格取得届書・被保険者種別変更（第1号被保険者該当）届書

●厚生年金・健康保険料の納付に関すること　　●厚生年金保険料率、子ども・子育て拠出金に関すること　など

　「※」の届出は、社会保険・労働保険徴収事務センター（年金事務所に設置）で社会保険と労働保険の届出が同時に行えます（社会保険と労働保険の両方の適用がある事業所が対象となります）。内容の審査等はそれぞれの機関に回送して行います。
　「＊」の届出については、マイナンバーと基礎年金番号が結びついている被保険者であれば原則届出は不要です。

以下は協会けんぽの届・申請書名です。保険者によって届・申請書名が異なる場合があります。

	届け出るとき	届・申請書
任意継続被保険者	退職後に健康保険の任意加入を希望するとき	任意継続被保険者資格取得申出書
	加入者（本人）が就職して健康保険等の被保険者の資格を取得したときや、後期高齢者医療保険の被保険者になったとき。また、任意継続被保険者でなくなることを希望する旨を申し出るとき。	任意継続被保険者資格喪失申出書
	加入中に氏名や住所等が変わったとき	任意継続被保険者氏名／住所／性別／生年月日／電話番号変更（訂正）届
	資格取得日以降に被扶養者を追加・削除するとき	任意継続被扶養者（異動）届
被保険者証	健康保険被保険者証を紛失したり、き損してしまったとき	被保険者証再交付申請書
	高齢受給者証を紛失したり、き損してしまったとき	高齢受給者証再交付申請書
健康保険の給付	やむを得ない事情で保険医療機関の診療を受けられず、自費で診療を受けたとき　など	療養費支給申請書
	医療費の一部負担金が自己負担限度額を超えたとき	高額療養費支給申請書
	医療保険と介護保険の自己負担額が自己負担限度額を超えたとき	高額介護合算療養費支給申請書兼自己負担額証明書交付申請書
	病気やけがで会社を休み給料を受けられないとき	傷病手当金支給申請書（被保険者のみ）
	出産前後に会社を休み給料を受けられないとき	出産手当金支給申請書（被保険者のみ）
	被保険者・被扶養者が出産したとき	【直接支払制度を利用する場合】 出産育児一時金内払金支払依頼書・差額申請書 【直接支払制度を利用しない場合】 出産育児一時金支給申請書 【受取代理制度を利用する場合】 出産育児一時金等支給申請書（受取代理用）
	被保険者・被扶養者が死亡したとき	埋葬料（費）支給申請書
	医療機関の窓口負担を事前に軽減したいとき	限度額適用認定申請書
	入院時の食事や生活療養費に係る標準負担額の減額を受けたいとき	限度額適用・標準負担額減額認定申請書

●交通事故、自損事故、第三者（他人）等の行為による傷病（事故）届
●生活習慣病予防健診申込書・特定健康診査受診券（セット券）申請書
●健康保険料率、介護保険料率に関すること
●高額医療費・出産費の貸付の申込書
●特定疾病療養受療証交付申請書
●任意継続健康保険の保険料の納付に関すること　など

各種申請書の押印廃止

　令和2年12月25日に「押印を求める手続の見直し等のための厚生労働省関係省令の一部を改正する省令」（令和2年厚生労働省令第208号）および「押印を求める手続の見直し等のための厚生労働省令関係告示」（令和2年厚生労働省告示第397号）が公布、施行されたことにより、申請・届出様式の押印が原則として廃止となりました。ただし、金融機関への届け印、実印による手続きが必要なものなどについては、引き続き押印が必要となります。

マイナンバーの取扱い

　「行政手続における特定の個人を識別するための番号の利用等に関する法律附則第3条の2の政令で定める日を定める政令（平成28年政令第347号）」が公布・施行されたことに伴い、日本年金機構と協会けんぽではマイナンバー（個人番号）を利用して事務を行っています。

　なお、マイナンバーの取扱いについては、政府の施策などによって変動します。最新の情報は日本年金機構のホームページをご覧ください。

日本年金機構におけるマイナンバーの取扱い

　マイナンバーによる年金相談・照会を行うときや、日本年金機構に届書を提出するときは、原則としてマイナンバーを記入します。その際、次の本人確認書類の提示（提出）が必要です。

- 番号確認（マイナンバーが正しい番号であることの確認）……次のうちいずれか1つ：①マイナンバーカード、②通知カード、③マイナンバーが記載された住民票の写し、住民票記載事項証明書

※デジタル手続法の施行日（令和2年5月25日）時点で交付されている通知カードは、氏名、住所等の記載事項に変更がない場合または同日前に正しく変更手続がとられている場合に限り、引き続き利用が可能。

- 身元（実存）確認（その人がマイナンバーの正しい持ち主であることの確認）……次のうちいずれか1つ：①マイナンバーカード、②運転免許証、運転経歴証明書、③住民基本台帳カード（写真付きのもの）、④旅券（パスポート）、⑤身体障害者手帳、精神障害者保健福祉手帳、療育手帳、⑥在留カード、特別永住者証明書、⑦官公署等が発行した写真付きの資格証明書（船員手帳、小型船舶操縦免許証、宅地建物取引士証など）

■届出を省略できる手続き

　国民年金、厚生年金保険に加入している人や年金を受け取っている人の「住所変更届」「氏名変更届」は日本年金機構でマイナンバーを収録済みの場合、日本年金機構への届出を原則として省略できます。また、「死亡届」も国民年金第1号被保険者・第3号被保険者および年金を受け取っている人のうち、日本年金機構でマイナンバーを収録済みの人は届出を省略できます。

■日本年金機構に住民票を提出するとき

　年金の請求手続きなどで添付書類として住民票を提出するときは、原則としてマイナンバーが記載されていないものを提出します。マイナンバーの本人確認（番号確認）書類として提出する場合のみ、マイナンバーの記載がある住民票の提出が必要です。

■添付を省略できる書類

　日本年金機構では、マイナンバーを利用した情報連携を平成31年4月以降段階的に実施しており、各種手続きの際に提出する課税証明書などの添付書類を省略できるよう進めています。

■マイナポータル

　日本年金機構が、情報提供ネットワークシステム（行政機関同士がマイナンバーを用いた情報連携を行う際に使用する専用ネットワーク）を使用して他の行政機関に情報照会を行った記録は、いつ、何の事務のために、どの行政機関等に、どのような情報を照会したか、「マイナポータル」で確認することができます。また、年金の受け取り状況や加入記録などもマイナポータルで確認できます。

■事業主による利用目的の明示と本人確認措置

　各種届書等において、事業主は従業員のマイナンバーを記入しますが、その際には、利用目的の明示と本人確認措置を行う必要があります。

- 利用目的の明示……個人情報保護法の規定に基づき、従業員のマイナンバーを取得するときは、利用目的（年金関係事務において利用すること）を本人に通知または公表しなければなりません。
- 本人確認措置……本人確認にあたっては、マイナンバーが正しい番号であることの確認（番号確認）と、マイナンバーを提出する者がマイナンバーの正しい持ち主であることの確認（身元〔実存〕確認）が必要です。

協会けんぽにおけるマイナンバーの取扱い

　協会けんぽでもマイナンバーによる行政機関間の情報連携によって、一部の申請についてマイナンバーを記入することで（非）課税証明書の添付書類の省略が可能となっています。ただし、必要に応じて、別途収入が確認できる書類等の添付を求められる場合があります。

電子申請・電子媒体による届出

電子申請とは

電子申請とは、紙によって行っている申請や届出などの行政手続を、インターネットを利用して自宅や職場のパソコンを使って行えるようにするものです。夜間や休日でも、24時間いつでも申請することが可能で、自宅や職場のパソコンから申請・届出、電子納付、公文書の取得までを一貫して行えるので、行政機関の窓口へ出向かなくて済みます。また、申請した手続はマイページ上に一覧で管理され、処理状況や提出先機関からの通知等をいつでもどこからでも確認できます。

行政手続きコストを削減するため、政府は電子申請の利用促進を図っており、令和2年4月から、特定の法人の事業所（資本金等の額が1億円を超えるなど）が社会保険に関する一部の手続きを行う場合には、電子申請で行うことが義務化されました。

下記は電子申請で届出可能な社会保険関連の届書の一例です。e-Govを利用した申請では下記を含め、他の省庁が管轄する届出の手続きが可能です。

- 被保険者資格取得届／厚生年金保険70歳以上被用者該当届
- 被保険者資格喪失届／厚生年金保険70歳以上被用者不該当届
- 被保険者報酬月額算定基礎届／厚生年金保険70歳以上被用者算定基礎届
- 被保険者報酬月額変更届／厚生年金保険70歳以上被用者月額変更届
- 被保険者賞与支払届／厚生年金保険70歳以上被用者賞与支払届
- 被扶養者（異動）届／国民年金第3号被保険者関係届
- 国民年金第3号被保険者関係届

電子申請について、詳しくは日本年金機構のホームページをご覧ください。

電子申請の種類とGビズID

電子申請の方法は大きく分けて以下の2種類です。

- e-Govを利用して電子申請をする。
- 届書作成プログラムを利用して電子申請をする。

ともに「GビズID」（1つのアカウントで複数の行政サービスにアクセスできる認証システム）の登録が必要で、アカウント（ID・パスワード）は無料で取得できます。GビズIDのアカウント取得方法は下記のとおりです。なお、GビズIDには2種類のアカウントがありますが、社会保険の手続きには「gBizIDプライム」のアカウントが必要です。

(1)アカウント申請に必要なものを準備する……SMS受信用のスマートフォンまたは携帯電話、印鑑証明書（法人）／印鑑登録証明書（個人事業主）、登録印が必要です。

(2)パソコンにてgBizIDプライム申請書を作成する。

(3)申請書を印刷し・押印する……申請書をダウンロードし、プリンターで印刷し、申請書に印鑑を押印します。

(4)申請書と印鑑（登録）証明書を郵送する……申請書と印鑑（登録）証明書を合わせてGビズID運用センターへ郵送します。印鑑（登録）証明書の有効期限は発行から3カ月です。運用センター側で審査を行い、承認します。不備がない場合で1週間程度が目安となります。

(5)1週間程度で審査完了メール受け取り……審査完了メールを確認し、パスワード登録を完了させます。これでID登録が完了です。

e-Govによる申請

電子申請（e-Gov）では、大きく分けて2種類の方法で申請が可能です。

(1)直接入力方式……電子申請（e-Gov）のウェブページに申請情報を入力して1件ずつ申請を行う方法です。

(2)CSVファイル添付方式……電子申請（e-Gov）のウェブページで申請を行う際に、届書作成プログラム等を利用し作成した届書データ（CSVデータ）を添付ファイルとして設定し、申請を行う方法です。1件の手続きを行う際に複数人の対象者を一度に設定して申請をすることが可能な方法です。

※e-Govの利用は電子証明書でも可能です。詳しくは日本年金機構のホームページをご覧ください。

届書作成プログラム

「届書作成プログラム」は届書を簡易に作成・申請できるプログラムで、日本年金機構のホームページから無料でダウンロードできます。届書作成プログラムによる電子申請の流れは下記のとおりです。

(1)届書作成プログラム・操作説明書をダウンロードする。

(2)届書作成プログラムや自社システム、労務管理ソフトを使用して、届書データ（CSVファイル）を作成する。

(3)届書作成プログラムを利用して届書データ（CSVファイル）が正しく作成されているかチェックする。

(4)届書作成プログラムを利用して作成した届書データ（CSVファイル）を申請する。

(5)届書作成プログラムを利用して申請データを照会する。

電子媒体申請

健康保険・厚生年金保険の適用関係の手続きは、CDやDVDなどの電子媒体によっても提出ができます。「電子媒体届書作成仕様書」で規定するデータフォーマットどおりに電子媒体を作成できれば、どの適用事業所または社会保険労務士でも電子媒体による届出が可能です。

届出作成プログラムを日本年金機構のホームページよりダウンロードし、手順に従って提出用電子媒体を作成後、総括票を添付して管轄する年金事務所等に提出します。

また、電子申請で届出を行う事業所が年金事務所に依頼すると、届出に必要な情報が収録されたCD（ターンアラウンドCD）が年金事務所から提供されます。

日本年金機構電子申請・電子媒体申請照会窓口

●電話番号　**0570-007-123**

050から始まる電話からは03-6837-2913にお電話ください
月～金曜日：8：30～19：00　　第2土曜日：9：30～16：00
休日、祝日（第2土曜日を除く）、12/29～1/3は利用できません。

e-Gov

●電話でのお問い合わせ　**050-3786-2225**

4月・6月・7月：平日＝9：00から19：00まで　　土日祝日＝9：00から17：00まで
5月、8月～3月：平日＝9：00から17：00まで　　土日祝祭日および年末年始（12月30日～1月3日）は受付を休止
国内一般加入電話からの通話料金は全国一律3分11.88円（税込み）です。
障害等により上記番号を利用できない場合は050-3822-3345の電話番号をご利用ください（通話料金はご利用の電話回線により異なります）。

●お問合せフォーム　　https://www.e-gov.go.jp/contact/inquiry.html
●e-Govポータル　　　https://www.e-gov.go.jp/

GビズID

●ホームページ　　　https://gbiz-id.go.jp/

●電話でのお問合せ　**0570-023-797**

9：00から17：00まで（土・日・祝日、年末年始を除く）

① 標準報酬月額

健康保険・厚生年金保険では、被保険者が受けるさまざまな報酬（給料など）の月額を、定められた幅で区分した「標準報酬月額」にあてはめて事務処理をしています。保険料や年金・手当金などの給付の計算も、標準報酬月額をもとに行われます。この標準報酬月額は入社して被保険者の資格を取得したときに決定されますが、毎年1回定められた時期に見直されます。また、大幅な賃金変動があった場合や、産前産後休業・育児休業等後の給与減少等に応じて随時改定されます。

標準報酬月額

標準報酬月額とは、保険料や給付を計算するために定められた報酬の区分のことです。6,000円から60,000円きざみの幅で等級分けされています。

- ●健 康 保 険……1等級58,000円〜 50等級1,390,000円
- ●厚生年金保険……1等級88,000円〜 32等級650,000円

報酬の範囲

賃金、給料、俸給、手当など、どのような名称であっても、原則として事業主が労働の対償として被保険者に支給するすべてのものは報酬となります。ただし、臨時に支給されるものや年3回以下の賞与、決算手当、期末手当等は報酬とされません。

標準報酬月額の対象となるもの
■通貨によるもの　基本給（月給・週給・日給等）、役付手当、家族手当、住居手当、通勤手当、勤務地手当、残業手当（超過勤務手当）、精皆勤手当、宿日直手当、年4回以上支給される賞与・決算手当など
■現物によるもの　通勤定期券、給食・食券・食事、社宅・寮、自社製品、被服（勤務服でないもの）など
標準賞与額の対象となるもの
■通貨によるもの　賞与・期末手当（年3回以下の支給）など
■現物によるもの　現物で支給される賞与（年3回以下の支給）など
標準報酬月額・標準賞与額の対象とならないもの
■通貨によるもの　出張旅費・手当、大入袋、見舞金、仕事上の交際費、慶弔費、解雇予告手当、退職金など
■現物によるもの　制服・作業着、見舞品、生産施設の一部である住居など

通勤手当

通勤手当は、金銭で支給されるものはもちろん、定期券・回数券を会社が購入して現物で支給する場合も、1カ月当たりの額を報酬月額に算入します。また、3カ月、6カ月分の通勤手当が支給された場合は、それぞれ3分の1、6分の1の額を報酬月額に算入します。

休業手当・休職給

一時帰休中・病気休職中の被保険者に支払われる休業手当・休職給は、実際の労務に対する報酬ではありませんが、雇用関係が続いていて定期的に支払われていれば報酬とみなされます。なお、産前産後休業・育児休業・介護休業期間中については、従来より低額の給料が支給される場合や給料が支給されない場合であっても、休業直前の標準報酬月額が引き続き使用されます。

年4回以上支給される賞与

決算手当、期末手当、ボーナスなど、名称は異なっていても賞与とみられるものが会社の給与規定等で年4回以上支給することになっている場合は、標準報酬月額算定の対象となります。前年7月から当年6月までの1年間に支給された賞与などを12等分した平均額を報酬月額に算入します。

賞与などが分割して支給された場合は、分割分を1回として計算します。たとえば、支給の都合で12月の賞与が12月と1月に分割して支給された結果、1年間の支給回数が4回になったような場合は、3回以下の支給となり、標準報酬月額の算定対象とはなりません。

年に3回以下支給される賞与は標準報酬月額には算入されませんが、標準賞与額として賞与の保険料の対象となります（⇨P.27）。

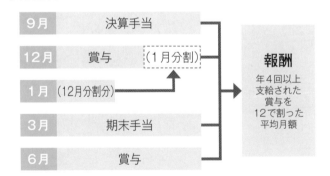

現物給与

報酬の一部または全部が現物で支給された場合は、それを金銭に換算した額を報酬月額に算入します。

■食事、住宅は「厚生労働大臣が定める現物給与の価額」に換算

現物給与のうち、食事、住宅については、総務省の統計調査に基づき、各都道府県ごとの価額が算出されていますので、それによって金銭に換算します。食事については、1月あたり、1日あたり、朝食・昼食・夕食ごとの価額が、住宅については、一畳1月当たりの価額が公示されています。また、被服その他は時価となっています。

※「厚生労働大臣が定める現物給与の価額」（⇨巻末）は物価等が変動すれば改定されることがあります（健康保険組合では、別に標準価額を定めることができます）。

■本人負担があるとき

会社から食事が支給されているとき（給食・食券など）や住宅が貸与されているとき（社宅など）は、「厚生労働大臣が定める現物給与の価額」によって金銭に換算して報酬月額に算入しますが、その一部を被保険者が負担している場合は、本人負担分を差し引いた額を報酬月額に算入します。

ただし、食事については、「厚生労働大臣が定める現物給与の価額」の3分の2以上を被保険者が負担している場合は、その現物給与の額は、報酬月額に計上しません。

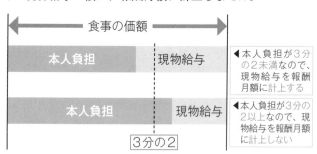

食事の価額

| 本人負担 | 現物給与 |

◀本人負担が3分の2未満なので、現物給与を報酬月額に計上する

| 本人負担 | 現物給与 |

3分の2

◀本人負担が3分の2以上なので、現物給与を報酬月額に計上しない

標準報酬月額の決め方

被保険者が受ける報酬は、月給・週給・日給・時間給・歩合給などさまざまな形で支払われますが、それらをすべて月額に換算することになっています。換算したものを「報酬月額」といい、その報酬月額をもとに標準報酬月額が決められます。

例1 報酬月額が76,000円の人

報 酬 月 額　73,000円以上83,000円未満の範囲内

標準報酬月額　健康保険…………78,000円で3等級

　　　　　　　厚生年金保険……88,000円で1等級

等級		標準報酬月 額	報酬月額	
健保	厚年			
		円	円以上	円未満
1		58,000		63,000
2		68,000	63,000	73,000
3		78,000	73,000	83,000
4	1	88,000	83,000	93,000
5	2	98,000	93,000	101,000
6	3	104,000	101,000	107,000
7	4			114,000

88,000円が下限のため1等級

例2 報酬月額が215,000円の人

報 酬 月 額　210,000円以上230,000円未満の範囲内

標準報酬月額　健康保険…………220,000円で18等級

　　　　　　　厚生年金保険……220,000円で15等級

等級		標準報酬月 額	報酬月額	
健保	厚年			
17	14	200,000	195,000	210,000
18	15	220,000	210,000	230,000
19	16	240,000	230,000	250,000

例3 報酬月額が700,000円の人

報 酬 月 額　695,000円以上730,000円未満の範囲内

標準報酬月額　健康保険…………710,000円で37等級

　　　　　　　厚生年金保険……650,000円で32等級

等級		標準報酬月 額	報酬月額	
健保	厚年			
33	30	590,000	575,000	605,000
34	31	620,000	605,000	635,000
35	32	650,000	635,000	665,000
36		680,000	665,000	695,000
37		710,000	695,000	730,000
38		750,000	730,000	770,000
39		790,000	770,000	810,000

650,000円が上限のため32等級

標準報酬月額の決定・改定

標準報酬月額は、①被保険者になったとき（資格取得時決定）、②毎年7月（定時決定）、③給料が大幅に変わったとき（随時改定）に決定・改定されます。

資格取得時決定

新規に被保険者になったとき、その被保険者の標準報酬月額は「被保険者資格取得届」に基づいて決められます。

定時決定

毎年7月1日現在の被保険者について、4月・5月・6月の報酬月額をもとに「報酬月額算定基礎届」を提出し、給与の実態に合った標準報酬月額が決められます。

随時改定

昇（降）給や給与体系の変動により、報酬（給料など）が2等級以上変動したとき、「報酬月額変更届」を提出し、実態に合うように改定されます。

産前産後休業・育児休業等終了時改定

産前産後休業・育児休業等を終了した被保険者が、産前産後休業・育児休業等終了時において引き続き3歳未満の子を養育し、職場復帰後の報酬が育児等を理由に低下したとき、事業主を経由して申し出ると改定されます（⇨P.29）。

標準報酬月額の決定時期と適用期間

	種類	届出時期	決定時期	標準報酬月額適用期間
入社したとき	資格取得時決定	資格取得から5日以内	1月〜 5月	その年の8月まで
			6月〜12月	翌年の8月まで
毎年定期的に	定時決定	7月1日〜7月10日まで※	ー	その年の9月から翌年8月まで
報酬が大幅に変わったとき	随時改定	すみやかに	1月〜 6月	その年の8月まで
			7月〜12月	翌年の8月まで
育児休業等から職場復帰して休業前より報酬が下がったとき	育児休業等終了時改定	すみやかに	1月〜 6月	その年の8月まで
			7月〜12月	翌年の8月まで
産前産後休業から職場復帰して休業前より報酬が下がったとき	産前産後休業終了時改定	すみやかに	1月〜 6月	その年の8月まで
			7月〜12月	翌年の8月まで

※休日の場合は翌日以降の最初の開所日。

② 定時決定

被保険者が実際に受ける報酬と、標準報酬月額が大きくズレないように、毎年1回、全被保険者の報酬月額を届け出て、標準報酬月額を決めなおしています。これを「定時決定」といい、このとき提出する届書が「算定基礎届」です。

算定基礎届

算定基礎届は4月・5月・6月の各月に、被保険者1人1人に支払われた報酬月額とその平均額を記入して、7月1日から10日（休日の場合は翌日以降の最初の開所日）までの間に年金事務所へ提出します。この算定基礎届で決定された標準報酬月額は、随時改定、産前産後・育児休業終了時改定がないかぎり、その年の9月1日から翌年8月31日まで適用されます。

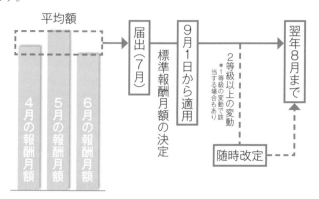

算定基礎届の対象者

算定基礎届の対象となるのは、原則として7月1日現在の被保険者全員です（6月1日以降に被保険者となった人は除きます）。

2以上の事業所に勤務する人

被保険者が同時に複数（2カ所以上）の適用事業所に雇用されることにより、管轄する年金事務所または保険者が複数となる場合は、被保険者本人が「所属選択・二以上事業所勤務届」を選択する年金事務所に提出します。届出の結果、選択された年金事務所（または健康保険組合）がその被保険者に関する事務を行うこととなります。ただし、健康保険組合を選択した場合であっても厚生年金保険の事務は年金事務所が行います。

なお、この届書の提出に当たっては、適用事業所の被保険者となるための「被保険者資格取得届」の提出が前提となります。

算定基礎届の提出が必要な人

①その年の5月31日までに被保険者となった人
休職者、長期欠勤者、海外出張者についても、7月1日現在で被保険者資格があれば、他の被保険者と区別することなく、算定基礎届の対象となります。

②その年の7月・8月に退職が予定される人
退職が決まっていても、算定基礎届を提出する段階では予定ですから、算定基礎届の対象となります。

③その年の5月に被保険者となった人
5月に入社した人は、5月・6月の2カ月の報酬を届け出ることになっています。

算定基礎届の提出が不要な人

①その年の6月1日以降に被保険者となった人
その人が被保険者になったときに、「被保険者資格取得届」による「資格取得時決定」で翌年8月までの標準報酬月額が決められますので、算定基礎届の対象から除きます。

②6月30日までに退職した人
届出の備考欄に退職年月日を記入します。

③その年の7月・8月・9月に随時改定が行われる人（予定されている人）
算定基礎届の備考欄「3.月額変更予定」と「9.その他」を○で囲い、「9.その他」には変更予定月を記入してください。
なお、随時改定の要件に該当しなくなった場合は、速やかに算定基礎届を提出してください。

報酬月額の算定方法

報酬月額の平均額の計算は、支払基礎日数が17日以上（短時間労働者は11日以上）の月の報酬月額を合計し、その月数で割って算出します。

①4月・5月・6月のうち、報酬の支払基礎日数が17日未満（短時間労働者は11日未満）の月があれば、その月については報酬月額の計算の対象から除きます。

②被保険者に支払われたもののうち、報酬の範囲に入らないものを除外し、現物で支給されたものについては金銭に換算し、報酬月額を計算します（⇨P.9〜10）。

支払基礎日数の取扱い

■支払基礎日数
「支払基礎日数」とは、給料や賃金を計算する基礎となる日数をいいます。

①月給者については、各月の暦日数が支払基礎日数となり

ます。ただし、月末締め翌月払いの場合の支払基礎日数は、前月の暦日数が支払基礎日数となります。

例：3月末締め4月25日支払いの場合、4月の支払基礎日数は3月の暦日数（31日）となります。

②月給制で欠勤日数分に応じ給与が差し引かれる場合は、就業規則、給与規定等に基づき事業所が定めた日数から当該欠勤日数を控除した日数が支払基礎日数となります。

③日給者・時間給者については、各月の出勤日数が支払基礎日数となります。

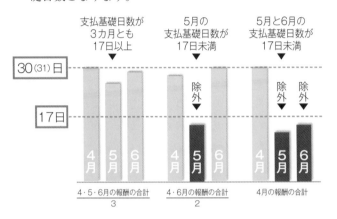

短時間就労者（パート）の人の定時決定時の標準報酬月額の算定は、次の支払基礎日数に応じた方法により行われます。

支払基礎日数	標準報酬月額の決定方法
4月5月6月の3カ月とも17日以上ある場合	3カ月の報酬月額の平均額をもとに決定
4月5月6月の3カ月うち1カ月でも17日以上ある場合	17日以上の月の報酬月額の平均額をもとに決定
4月5月6月の3カ月とも17日未満であるが、15日以上の月がある場合	3カ月のうち15日以上17日未満の月の報酬月額の平均額をもとに決定
4月5月6月の3カ月とも15日未満の場合	従前の標準報酬月額で決定

また、特定適用事業所に勤務する短時間労働者の定時決定は4月、5月、6月のいずれも支払基礎日数が11日以上で算定することとなります。

算定の際の留意事項

■6カ月分の通勤手当が支給されたとき

6カ月分の通勤手当が支給されたときは、4月・5月・6月の3カ月に、それぞれ6分の1の額を算入して報酬月額を計算します。また、5月の支払基礎日数が17日未満（短時間労働者は11日未満）で、その月に3カ月の通勤手当が支給された場合は、5月は算定の対象となりませんが、通勤手当の3分の1の額を、それぞれ4月・6月に算入して報酬月額を計算します。

■報酬の範囲に含まれる賞与が支給されたとき

報酬の範囲に含まれる賞与（⇨P.19）が支給されたときは、4月・5月・6月の各月の報酬に、前年7月から当年6月まで

の1年間に支給された賞与の総額の12分の1を算入して、報酬月額を計算します。

■一時帰休による休業手当が支給されたとき

一時帰休（レイオフ）による休業手当が支給された場合は、その休業手当等を含む3カ月で報酬月額を算定します。なお届書には、各月に実際に支払われた額を記入します。ただし、すでに一時帰休が解消され、通常の報酬が支払われている場合は、休業手当等を受けた月を除いて報酬月額を算定します。

■報酬月額算定基礎届総括表の廃止

従来、算定基礎届に添付が必要だった「被保険者報酬月額算定基礎届総括表」は廃止され、令和3年4月1日以降提出分から提出は不要となりました。

保険者算定（修正平均）

通常の算定方法で標準報酬月額を決めると、9月以降に被保険者が受ける報酬の実態と大きくかけ離れると予想される場合があります。このようなときは、保険者（年金事務所・健康保険組合）がその被保険者が9月以降に受けると予想される報酬の額を修正平均して算定します。

通常の方法で算定できない場合	①4月・5月・6月の3カ月とも、支払基礎日数が17日未満のとき	いずれも従前の標準報酬月額で算定されます。
	②4月・5月・6月の3カ月とも、病気欠勤等で無給もしくは低額の休職給などのとき	
通常の方法で算定すると著しく不当な額となる場合	①4月・5月・6月のいずれかの月に、3月以前の遅配分の支払いを受けたとき、または4月・5月・6月の給料が7月以降に遅れて支給されたとき	遅配分や、昇給差額分を差し引いた平均額で算定されます。
	②さかのぼり昇給があって、4月・5月・6月のいずれかの月にその差額支給があったとき	
	③4月・5月・6月のいずれかの月に、低額の休職給が支給されたとき、またはストライキによる賃金カットがあったとき	休職給や賃金カットがあった月分を除いた平均額で算定されます。
	④4月・5月・6月の報酬額をもとに通常の定時決定の方法により算出した標準報酬月額と、年間平均（前年7月〜6月）で算出した標準報酬月額との間に、2等級以上の差が生じた場合で、この2等級差が業務の性質上例年発生すると見込まれる場合	申し立て、審査の後、過去1年間の月平均標準報酬により算定されます（届書の備考欄に必ず「年間平均」と記入します）。この場合被保険者の同意が必要で、申立書と例年の状況や被保険者の同意を示した用紙を添付することが必要です。

報酬の支払い対象期間の途中から被保険者の資格を取得したことにより、1カ月分の給与が支給されない月がある場合は、その資格取得月を除いた月で平均した報酬月額で標準報酬月額を決定します。なお、修正平均額欄にその資格取得月を除いた月で平均した報酬月額で標準報酬月額を決定した額を記入し、備考欄に資格取得年月日を記入します。

産前産後・育児・介護休業中の算定基礎届

産前産後・育児・介護休業期間中は、報酬の支払いがなくても被保険者資格は継続されます。算定基礎届は提出し、備考欄にその旨を記載します。標準報酬月額は保険者算定が行われ、休業直前の標準報酬月額を適用します。

算定基礎届の準備

算定基礎届の届出もれを防ぐために、「労働者名簿」などを整理し、それに基づいて7月1日現在の被保険者を確認しておきます。

労働者名簿の整理

①7月1日現在に在職する従業員全員が労働者名簿に記入されているか確認します。

②6月1日以降に被保険者資格を取得した人は、「被保険者資格取得届」に基づいて標準報酬月額が決定されているため算定基礎届提出の必要がありませんので、労働者名簿を区分しておきます。

③休職者・海外出張者など、実際に出勤していなくても被保険者資格が続いている人については、算定基礎届の提出が必要です。

資格取得・資格喪失届の提出

6月30日までに採用した人については「被保険者資格取得届」、退職した人については「被保険者資格喪失届」を提出します。提出もれがあれば、ただちに提出します。

賃金台帳などの整理

「賃金台帳」、「所得税源泉徴収簿」などを整理し、昨年7月以降に支払った賃金等の支払い事実に相違がないか確認しておきます。

①4月・5月・6月に支払った賞与・決算手当等などは、報酬の範囲に含まれるものか確認する。

②食事・住宅を現物で支給しているときは、「厚生労働大臣が定める現物給与の価額」で各被保険者別に金銭に換算する(届出の備考欄に内容を記入)。

③4月・5月・6月に支払った賃金のうち、支払基礎日数が17日未満(短時間労働者は11日未満)の月がないか確認する(17日未満〔短時間労働者は11日未満〕の月は算定の対象になりません)。

④4月・5月・6月の賃金のうち、さかのぼり昇給による差額支給、遅配分の賃金の支払いがないか。また、ストライキによる賃金カットなどがないか確認する(届書の備考欄に記入)。

⑤5月から6月までの間に昇給などがあり、昇給月から引き続く3カ月間で標準報酬等級に2等級以上の差が生じると見込まれる人については、後日月額変更届(⇨P.21)を提出する。

■届出用紙の取扱い

算定基礎届の届出用紙は、事前に年金事務所等(健康保険組合・厚生(企業)年金基金)から配付されます。

年金事務所から配付される用紙にはすでに被保険者1人1人の被保険者整理番号、氏名、生年月日、種別、従前の標準報酬月額などが印字されています。

■決定通知書で新しい標準報酬月額を通知

算定基礎届に基づいて新しい標準報酬月額が決められると、「標準報酬決定通知書」が送付されます。この通知書には、被保険者1人1人の新しい標準報酬月額が記載されていますので、給与明細書などで被保険者に通知することが必要です。この新しい標準報酬月額に基づいて、9月分からの保険料や保険給付の額が計算されます。

「算定基礎届」記入の際の留意事項

「⑧遡及支払額」欄
遡及差額（算定対象月以前分の支払額）を記入してください。

「⑨給与支給月」「⑩給与計算の基礎日数」欄
4月・5月・6月の各月に受けた報酬の支払の基礎となった日数を、それぞれの該当月の箇所に記入してください。

「⑪通貨によるものの額」「⑫現物によるものの額」「⑬合計（⑪＋⑫）」欄
4月・5月・6月の各月に通貨および現物で支払われた報酬をそれぞれの月に記入し、各月の合計額を記入してください。ただし、支払基礎日数17日未満の月は合計を記入せず、横線を引いてください。短時間就労者（パート）の場合は、15日未満の月、特定適用事業所に勤務する短時間労働者の場合は、11日未満の月は⑬欄に横線を引きます。

「⑫現物によるものの額」欄
4月・5月・6月中に食事、住宅、通勤定期券など現物給与の支給がある場合に、金銭に換算して記入してください。
※食事、住宅等については「厚生労働大臣が定める現物給与の価額」（⇨巻末）に基づきます。

「⑭総計」欄
基礎日数が17日以上（短時間労働者の場合は11日以上）の合計を総計した額を記入してください。

「⑮平均額」欄
総計を該当月数で割った額を記入してください。

「⑯修正平均額」欄
遅配分給与の支払いや昇給がさかのぼったことにより、対象月中に差額分（⑧等）が含まれている場合は、差額分を除いた平均額を記入してください。

「⑰個人番号（基礎年金番号）」欄
70歳以上被用者の人のみ記入してください。また、本人確認を行ったうえで、個人番号を記入してください。基礎年金番号を記入する場合は、年金手帳等に記載されている10桁の番号を左詰めで記入してください。

「⑱備考」欄
「1.70歳以上被用者算定」は70歳以上被用者の人について提出する場合に○で囲んでください。なお、算定期間中に70歳に到達したこと等により、健康保険と厚生年金保険の算定基礎月が異なる場合のみ、70歳以上被用者分の算定基礎月を（　）内に記入してください。
「2.二以上勤務」は、被保険者（70歳以上被用者）が2カ所以上の適用事業所で勤務している場合に○で囲んでください。
「4.途中入社」には、給与の支払い対象となる期間の途中から資格取得したことにより1カ月分の給与が支給されない場合に○で囲み、「9.その他」に入社（資格取得）年月日を記入してください（1カ月分の給与が支給されない月〔途中入社月〕を除いた月が算定の対象となります）。
「5.病休・育休・休職等」に該当する場合は○で囲み、その内容を「9.その他」に記入してください。
「6.短時間労働者」「7.パート」に該当する場合は○で囲んでください。
「8.年間平均」での算定を希望する場合は○で囲み、申立書・同意書等の添付書類を提出してください。
以下に該当する場合は、「⑱備考」欄の「9.その他」を○で囲み、（　）内にその内容を記入してください。
・7月1日時点ですでに退職している場合⇒（例：6月30日退職）
・算定の対象となる給与支給月に被保険者区分の変更があった場合⇒（例：5月に短時間労働者へ区分変更の場合、「5/1→短時間労働者」と記入）

例1 一般的な例（支払基礎日数が3カ月とも17日以上）

3カ月とも支払基礎日数が17日以上のときは、4月・5月・6月の各月の報酬と、その平均額を計算して記入します。

本給・諸手当など名目にかかわらず報酬とされるものは、すべて算入します。また、年3回を超えて支払われる賞与等も報酬に含みます。

	基本給	家族手当	通勤手当	残業手当	合計
4月	215,000円	10,000円	8,500円	30,700円	264,200円
5月	215,000円	10,000円	8,500円	18,500円	252,000円
6月	215,000円	10,000円	8,500円	19,800円	253,300円
				総計	769,500円

報酬月額 （264,200円＋252,000円＋253,300円）÷3＝256,500円

標準報酬月額 260千円（健保20等級・厚年17等級）

①被保険者整理番号、②被保険者氏名、③生年月日、④適用年月、⑤従前の標準報酬月額、⑥従前改定月はあらかじめ印刷されています

項目名	① 被保険者整理番号		② 被保険者氏名		③ 生年月日		④ 適用年月		⑰ 個人番号［基礎年金番号］※70歳以上被用者の場合のみ
	⑤ 従前の標準報酬月額		⑥ 従前改定月		⑦ 昇（降）給		⑧ 遡及支払額		⑱ 備考
	⑨給与支給月	⑩給与計算の基礎日数	報酬月額				⑭ 総計（一定の基礎日数以上の月のみ）		
			⑪ 通貨によるものの額	⑫ 現物によるものの額	⑬ 合計（⑪＋⑫）		⑮ 平均		
							⑯ 修正平均額		

（記入例）
- ① 1　② 健康一郎　③ 5-601007　④ 5年9月
- ⑤ 健 240千円　厚 240千円　⑥ 4年9月　⑦昇（降）給 1.昇給 2.降給　⑧ 遡及支払額
- ⑱ 1.70歳以上被用者算定（算定基礎月：　月　月）2.二以上勤務　3.月額変更予定　4.途中入社　5.病休・育休・休職等　6.短時間労働者（特定適用事業所等）7.パート　8.年間平均　9.その他（　）

⑨支給月	⑩日数	⑪通貨	⑫現物	⑬合計（⑪＋⑫）	⑭総計・⑮平均額・⑯修正平均額
4月	31日	264,200円	0円	264,200円	⑭総計 769,500
5月	30日	252,000円	0円	252,000円	⑮平均額 256,500
6月	31日	253,300円	0円	253,300円	⑯修正平均額

この例では、毎月20日締切、当月25日払のため、4月は3月21日から4月20日までの「31日」と記入します。

❷定時決定

例2 現物支給があったとき

現物支給があったときはその時価を記入しますが、食事・住宅は「厚生労働大臣が定める現物給与の価額」（⇨巻末）に基づいて金銭に換算して「⑫現物によるものの額」欄に記入し、「⑱備考」欄にその内訳を書きます。例は昼食の価額が270円で、全額会社負担の昼の給食（各月とも20日分支給：270円×20日＝5,400円）があった場合です。

	基本給	通勤手当	残業手当	給食（昼）	合計
4月	220,000円	7,000円	14,000円	5,400円	246,400円
5月	220,000円	7,000円	13,000円	5,400円	245,400円
6月	220,000円	7,000円	15,000円	5,400円	247,400円
				総計	739,200円

報酬月額 （246,400円＋245,400円＋247,400円）÷3＝246,400円

標準報酬月額 240千円（健保19等級・厚年16等級）

項目名	① 被保険者整理番号	② 被保険者氏名		③ 生年月日	④ 適用年月	⑰ 個人番号［基礎年金番号］※70歳以上被用者の場合のみ
	⑤ 従前の標準報酬月額	⑥ 従前改定月		⑦ 昇（降）給	⑧ 遡及支払額	
	⑨ 給与支給月 ⑩ 給与計算の基礎日数	⑪ 通貨によるものの額	⑫ 現物によるものの額	報酬月額 ⑬ 合計（⑪＋⑫）	⑭ 総計（一定の基礎日数以上の月のみ）⑮ 平均額 ⑯ 修正平均額	⑱ 備考

1
- ① 104　② 健保花子　③ 5-630525　④ 5年9月
- ⑤ 健 220千円　厚 220千円　⑥ 4年9月　⑦ 昇（降）給 1.昇給 2.降給　⑧ 遡及支払額
- ⑨4月 ⑩31日 ⑪通貨 241,000円 ⑫現物 5,400円 ⑬合計 246,400円 ⑭総計 739,200円
- ⑨5月 ⑩30日 ⑪240,000円 ⑫5,400円 ⑬245,400円 ⑮平均額 246,400円
- ⑨6月 ⑩31日 ⑪242,000円 ⑫5,400円 ⑬247,400円 ⑯修正平均額

⑱備考
1. 70歳以上被用者算定（算定基礎月：　月　月）
2. 二以上勤務　3. 月額変更予定
4. 途中入社　5. 病休・育休・休職等
6. 短時間労働者（特定適用事業所等）
7. パート　8. 年間平均
⑨その他（　食事（昼）　）

現物支給を金銭に換算して記入

「9.その他」を〇で囲み（　）に現物支給の名称等を記入

例3 支払基礎日数17日未満の月があるとき

欠勤日数分だけ給料が差し引かれるような場合は、その残りの日数が支払基礎日数となり、17日未満であればその月を平均額計算から除外します。

たとえば、5月の支払基礎日数が17日未満の場合は、4月と6月の平均額で算定します。

	基本給	通勤手当	残業手当	合計
4月	195,000円	8,400円	12,000円	215,400円
5月	108,800円	4,200円	4,000円	対象外
6月	195,000円	8,400円	13,000円	216,400円
			総計	431,800円

支払基礎日数＝15日

報酬月額 （215,400円＋216,400円）÷2＝215,900円

標準報酬月額 220千円（健保18等級・厚年15等級）

項目名	① 被保険者整理番号	② 被保険者氏名		③ 生年月日	④ 適用年月	⑰ 個人番号［基礎年金番号］※70歳以上被用者の場合のみ
	⑤ 従前の標準報酬月額	⑥ 従前改定月		⑦ 昇（降）給	⑧ 遡及支払額	
	⑨ 給与支給月 ⑩ 給与計算の基礎日数	⑪ 通貨によるものの額	⑫ 現物によるものの額	報酬月額 ⑬ 合計（⑪＋⑫）	⑭ 総計（一定の基礎日数以上の月のみ）⑮ 平均額 ⑯ 修正平均額	⑱ 備考

1
- ① 26　② 国年一美　③ 5-610811　④ 5年9月
- ⑤ 健 220千円　厚 220千円　⑥ 4年9月　⑦ 昇（降）給 1.昇給 2.降給　⑧ 遡及支払額
- ⑨4月 ⑩31日 ⑪215,400円 ⑫0円 ⑬215,400円 ⑭総計 431,800円
- ⑨5月 ⑩15日 ⑪117,000円 ⑫0円 ⑬ ― 円 ⑮平均額 215,900円
- ⑨6月 ⑩31日 ⑪216,400円 ⑫0円 ⑬216,400円 ⑯修正平均額

⑱備考
1. 70歳以上被用者算定（算定基礎月：　月　月）
2. 二以上勤務　3. 月額変更予定
4. 途中入社　5. 病休・育休・休職等
6. 短時間労働者（特定適用事業所等）
7. パート　8. 年間平均
9. その他（　）

各月の報酬の合計欄は、支払基礎日数17日未満の月があれば、その月は記入しないで横棒を引いてください

例4 6カ月分の通勤手当が支給されたとき

たとえば、4月に6カ月分の通勤手当39,000円が支給されたときは、4月の報酬から39,000円を除外し、4月・5月・6月の各月の報酬に6分の1の額（1円未満の端数がある場合、端数切り捨て）6,500円を算入して、平均額を算定します。

	基本給	通勤手当(6カ月分)	通勤手当(6分の1)	残業手当	合計
4月	255,000円	39,000円	6,500円	10,400円	271,900円
5月	255,000円		6,500円	9,800円	271,300円
6月	255,000円		6,500円	11,000円	272,500円
		除外	算入	総計	815,700円

報酬月額 （271,900円＋271,300円＋272,500円）÷3＝271,900円

標準報酬月額 280千円（健保21等級・厚年18等級）

項目名	① 被保険者整理番号	② 被保険者氏名		③ 生年月日		④ 適用年月	⑰ 個人番号［基礎年金番号］※70歳以上被用者の場合のみ
	⑤ 従前の標準報酬月額	⑥ 従前改定月	⑦ 昇(降)給		⑧ 遡及支払額		
	⑨給与支給月 ⑩給与計算の基礎日数	報酬月額 ⑪通貨によるものの額 ⑫現物によるものの額 ⑬合計(⑪+⑫)			⑭総計(一定の基礎日数以上の月のみ) ⑮平均額 ⑯修正平均額		⑱ 備考

1	① 121	② 厚年二郎	③ 5-591120	④ 5 年 9 月	
	⑤健 260 千円 厚 260 千円	⑥ 4 年 9 月	⑦昇(降)給 1.昇給 2.降給	⑧遡及支払額	⑱ 1. 70歳以上被用者算定（算定基礎月： 月 月）2. 二以上勤務 3. 月額変更予定 4. 途中入社 5. 病休・育休・休職等 6. 短時間労働者(特定適用事業所等) 7. パート 8. 年間平均 9. その他（ ）
	⑨4月 ⑩31日 ⑪271,900円 ⑫0円 ⑬271,900円	⑭総計 815,700			
	⑨5月 ⑩30日 ⑪271,300円 ⑫0円 ⑬271,300円	⑮平均額 271,900			
	⑨6月 ⑩31日 ⑪272,500円 ⑫0円 ⑬272,500円	⑯修正平均額 円			

各月の報酬に、6カ月分の通勤手当の6分の1の額を算入します

例5 昇給差額が支給されたとき

昇給差額が支給されたときは、差額を差し引いて計算します。

たとえば、3月にさかのぼって昇給した差額が4月に支払われた場合は、その昇給差額分は除いて平均額を算定します。

	基本給	諸手当	3月昇給分差額	合計
4月	250,000円	20,000円	20,000円	290,000円
5月	250,000円	18,000円		268,000円
6月	250,000円	16,000円		266,000円
			総計	824,000円

■単純平均＝（290,000円＋268,000円＋266,000円）÷3≒**274,666円**（円未満切り捨て）←「⑮平均額」にはこの額を記入

■修正平均＝（290,000円－20,000円＋268,000円＋266,000円）÷3＝**268,000円**←「⑯修正平均額」にはこの額を記入

標準報酬月額 260千円（健保20等級・厚年17等級）

項目名	① 被保険者整理番号	② 被保険者氏名		③ 生年月日		④ 適用年月	⑰ 個人番号［基礎年金番号］※70歳以上被用者の場合のみ
	⑤ 従前の標準報酬月額	⑥ 従前改定月	⑦ 昇(降)給		⑧ 遡及支払額		
	⑨給与支給月 ⑩給与計算の基礎日数	報酬月額 ⑪通貨によるものの額 ⑫現物によるものの額 ⑬合計(⑪+⑫)			⑭総計(一定の基礎日数以上の月のみ) ⑮平均額 ⑯修正平均額		⑱ 備考

1	① 109	② 年金三郎	③ 5-590317	④ 5 年 9 月	
	⑤健 240 千円 厚 240 千円	⑥ 4 年 9 月	⑦昇(降)給 4 月 1.昇給 2.降給	⑧遡及支払額 4 月 20,000	⑱ 1. 70歳以上被用者算定（算定基礎月： 月 月）2. 二以上勤務 3. 月額変更予定 4. 途中入社 5. 病休・育休・休職等 6. 短時間労働者(特定適用事業所等) 7. パート 8. 年間平均 9. その他（ ）
	⑨4月 ⑩31日 ⑪290,000円 ⑫0円 ⑬290,000円	⑭総計 824,000			
	⑨5月 ⑩30日 ⑪268,000円 ⑫0円 ⑬268,000円	⑮平均額 274,666			
	⑨6月 ⑩31日 ⑪266,000円 ⑫0円 ⑬266,000円	⑯修正平均額 268,000			

⑮欄に単純平均額を記入　⑯欄に修正平均額を記入　⑧欄に遡及支払額などを記入

例6 休職給が支給されたとき

休職給が支給された場合は、その月を除いて計算します。たとえば、4月に休職給が支給された場合は、支払基礎日数が17日以上であっても、4月を除く5月・6月の平均額で算定します。

	基本給	諸手当	合計	
4月（休職給）	120,000円	0円	120,000円	← 6割支給
5月	200,000円	6,000円	206,000円	
6月	200,000円	7,000円	207,000円	
		総計	533,000円	

■単純平均＝（120,000円＋206,000円＋207,000円）÷3≒**177,666円**（円未満切り捨て）←「⑮平均額」にはこの額を記入
■修正平均＝（206,000円＋207,000円）÷2＝**206,500円**←「⑯修正平均額」にはこの額を記入

標準報酬月額 200千円（健保17等級・厚年14等級）

項目名	① 被保険者整理番号	② 被保険者氏名		③ 生年月日	④ 適用年月	⑰ 個人番号［基礎年金番号］※70歳以上被用者の場合のみ	
	⑤ 従前の標準報酬月額	⑥ 従前改定月	⑦ 昇（降）給		⑧ 遡及支払額	⑱ 備考	
	⑨給与支給月 ⑩給与計算の基礎日数	⑪ 通貨によるものの額 ⑫ 現物によるものの額	⑬ 合計（⑪＋⑫）		⑭ 総計（一定の基礎日数以上の月のみ）⑮ 平均額 ⑯ 修正平均額		

項目名1:
- ① 158 ② 社保四郎 ③ 5-601217 ④ 5年9月
- ⑤健 190千円 厚 190千円 ⑥ 4年9月 ⑦昇（降）給 1.昇給 2.降給 ⑧遡及支払額
- ⑨4月 ⑩31日 ⑪通貨120,000円 ⑫現物0円 ⑬合計120,000円 ⑭総計533,000円
- ⑨5月 ⑩30日 ⑪206,000円 ⑫0円 ⑬206,000円 ⑮平均額177,666円
- ⑨6月 ⑩31日 ⑪207,000円 ⑫0円 ⑬207,000円 ⑯修正平均額206,500円

⑱備考:
1. 70歳以上被用者算定（算定基礎月： 月 月）
2. 二以上勤務
3. 月額変更予定
4. 途中入社
5. 病休・育休・休職等
6. 短時間労働者（特定適用事業所等）
7. パート
8. 年間平均
9. その他（4月休職給（本給の6割））

⑮欄に単純平均額を記入　　⑯欄に修正平均額を記入　　「9.その他」を○で囲み（ ）に休職給の旨を記入

例7 短時間就労者（パート）で3カ月間とも15日以上17日未満のとき

短時間就労者（パート）の人で、4・5・6月の3カ月間すべての支払基礎日数が15日以上17日未満の場合、その3カ月間の平均額で算定します。

また、⑱備考欄「7.パート」を○で囲みます。

	支払基礎日数	基本給	諸手当	合計
4月	16日	84,800円	6,400円	91,200円
5月	15日	79,500円	6,000円	85,500円
6月	16日	84,800円	6,400円	91,200円
			総計	267,900円

報酬月額 （91,200円＋85,500円＋91,200円）÷3＝89,300円

標準報酬月額 88千円（健保4等級・厚年1等級）

※厚生年金保険料は88千円の等級で計算されます

項目名	① 被保険者整理番号	② 被保険者氏名		③ 生年月日	④ 適用年月	⑰ 個人番号［基礎年金番号］※70歳以上被用者の場合のみ	
	⑤ 従前の標準報酬月額	⑥ 従前改定月	⑦ 昇（降）給		⑧ 遡及支払額	⑱ 備考	
	⑨給与支給月 ⑩給与計算の基礎日数	⑪ 通貨によるものの額 ⑫ 現物によるものの額	⑬ 合計（⑪＋⑫）		⑭ 総計（一定の基礎日数以上の月のみ）⑮ 平均額 ⑯ 修正平均額		

項目名1:
- ① 248 ② 厚生二三子 ③ 5-521124 ④ 5年9月
- ⑤健 088千円 厚 088千円 ⑥ 4年9月 ⑦昇（降）給 1.昇給 2.降給 ⑧遡及支払額
- ⑨4月 ⑩16日 ⑪通貨91,200円 ⑫現物0円 ⑬合計91,200円 ⑭総計267,900円
- ⑨5月 ⑩15日 ⑪85,500円 ⑫0円 ⑬85,500円 ⑮平均額89,300円
- ⑨6月 ⑩16日 ⑪91,200円 ⑫0円 ⑬91,200円 ⑯修正平均額

⑱備考:
1. 70歳以上被用者算定（算定基礎月： 月 月）
2. 二以上勤務
3. 月額変更予定
4. 途中入社
5. 病休・育休・休職等
6. 短時間労働者（特定適用事業所等）
7. パート
8. 年間平均
9. その他（ ）

「7.パート」を○で囲む

例8 資格取得が給与計算期間の途中にあるとき

給与の支払い計算期間の途中で資格を取得したため、1カ月分の給与が支給されない月があるときは、資格取得月を除いた月の平均額で算定します。

例は、給与の支払いが20日締めで当月25日支払い、資格取得日（入社日）が4月1日のとき。4月の給与が4月1日〜20日分となるため、4月分を除いた5月分と6月分の平均額で算定します。また、⑱備考欄の「4.途中入社」を○で囲み、「9.その他」の（　）に資格取得日を記入します。

	支払基礎日数	基本給	諸手当	合計	
4月	20日	160,000円	0円	160,000円	← 資格取得月
5月	30日	220,000円	8,000円	228,000円	
6月	31日	220,000円	8,000円	228,000円	
			総計	616,000円	

■単純平均＝（160,000円＋228,000円＋228,000円）÷3＝
205,333円（円未満切り捨て）←「⑮平均額」にはこの額を記入

■修正平均＝（228,000円＋228,000円）÷2＝
228,000円←「⑯修正平均額」にはこの額を記入

標準報酬月額 220千円（健保18等級・厚年15等級）

⑮欄に単純平均額を記入
⑯欄に修正平均額を記入
「4.途中入社」を○で囲み（　）に資格取得日を記入

例9 3カ月平均額と年平均額の間に2等級以上の差があるとき

4月・5月・6月の報酬額をもとに算出した標準報酬月額と、年間平均（前年7月から当年6月）で算出した標準報酬月額との間に2等級以上の差があり、この2等級差が業務の性質上、例年発生すると見込まれるときは、前年7月から当年6月までの間に受けた報酬の月平均額から算出した標準報酬月額にて算定します（⇒P.13）。

【添付書類】「年間報酬の平均で算定することの申立書」「保険者算定申立、標準報酬月額の比較、被保険者の同意等」

	基本給	諸手当	合計
4月	240,000円	34,000円	274,000円
5月	240,000円	43,000円	283,000円
6月	240,000円	38,000円	278,000円
		総計	835,000円

● 月平均額＝278,333円
⇕ 2等級以上の差
● 前年7月から当年6月までの間に受けた報酬の月平均額＝243,800円

■単純平均＝（274,000円＋283,000円＋278,000円）÷3＝
278,333円（円未満切り捨て）←「⑮平均額」にはこの額を記入

■修正平均＝（前年7月から当年6月までの報酬月額の合計）÷12＝
243,800円←「⑯修正平均額」にはこの額を記入

標準報酬月額 240千円（健保19等級・厚年16等級）

⑮欄に単純平均額を記入
⑯欄に修正平均額を記入
「8.年間平均」を○で囲む

育児休業中のときは、育児休業取得直前の標準報酬月額が適用されます。育児休業取得直前の標準報酬月額が220千円だったときは、例のようになります。

「5.病休・育休・休職等」を〇で囲み、「9.その他」の（ ）に期間を記入します。

	支払基礎日数	基本給	合計
4月	0日	0円	0円
5月	0日	0円	0円
6月	0日	0円	0円
		総計	0円

報酬月額　0円

標準報酬月額　220千円（健保18等級・厚年15等級）

❷定時決定

項目名	① 被保険者整理番号	② 被保険者氏名	③ 生年月日	④ 適用年月	⑰ 個人番号［基礎年金番号］※70歳以上被用者の場合のみ
	⑤ 従前の標準報酬月額	⑥ 従前改定月	⑦ 昇(降)給	⑧ 遡及支払額	⑱ 備考
	⑨ 給与支給月 ⑩ 給与計算の基礎日数	報酬月額　⑪ 通貨によるものの額　⑫ 現物によるものの額	⑬ 合計（⑪＋⑫）	⑭ 総計（一定の基礎日数以上の月のみ）　⑮ 平均額　⑯ 修正平均額	

1	① 12	② 健康花子	③ 5-591120	④ 5年9月	⑰
	⑤ 健 220千円　厚 220千円	⑥ 4年9月	⑦ 昇(降)給　1.昇給　2.降給	⑧ 遡及支払額　月　円	⑱
	⑨ 4月 ⑩ 0日	⑪通貨 0円　⑫現物 0円	⑬合計(⑪＋⑫) 0円	⑭総計 0	1.70歳以上被用者算定（算定基礎月：　月　月）2.二以上勤務　3.月額変更予定　4.途中入社　⑤病休・育休・休職等　6.短時間労働者（特定適用事業所等）7.パート　8.年間平均　9.その他（令和5年4月から育休）
	⑨ 5月 ⑩ 0日	⑪ 0円　⑫ 0円	⑬ 0円	⑮平均額 0	
	⑨ 6月 ⑩ 0日	⑪ 0円　⑫ 0円	⑬ 0円	⑯修正平均額	

「5.病休・育休・休職等」を〇で囲み、（ ）に期間を記入

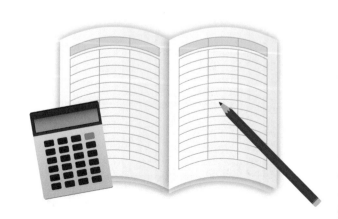

③ 随時改定（月額変更届）

昇給などによって報酬が大幅に変わった場合については、次の定時決定を待たずに標準報酬月額の改定が行われます。これを「随時改定」といい、このとき提出する届書が「月額変更届」です。

随時改定

次の3つの条件のすべてに該当する場合について、随時改定が行われます。

①昇給や降給、給与体系の変更などで固定的賃金に変動があったとき

②固定的賃金の変動があった月を含めて、継続した3カ月間の報酬の平均月額に該当する標準報酬月額と、従前の標準報酬月額を比べて2等級以上の差が生じたとき

③固定的賃金の変動月以後、継続した3カ月間の各月の支払基礎日数が17日以上（短時間労働者は11日以上）あるとき

固定的賃金の変動

固定的賃金の変動には、次のようなケースがあります。

①昇給（ベースアップ）、降給（ベースダウン）

②給与体系の変更（日給から月給への変更など）

③日給や時間給の基礎単価（日当、単価）の変更

④家族手当、通勤手当、住宅手当、役付手当など固定的な手当が新たについたり、支給額が変わったとき

固定的賃金
稼働や能率の実績に関係なく、月単位などで一定額が継続して支給されるもの
◎基本給（月給、週給、日給等）　◎役付手当
◎家族手当　◎住宅手当　◎勤務地手当
◎基礎単価　◎歩合率　◎通勤手当　など

非固定的賃金
稼働実績などにより支給されるもの
◎残業手当　◎能率手当　◎日・宿直手当
◎皆勤手当　◎精勤手当　など

変動月以後継続した3カ月

昇給や降給などにより固定的賃金が変動し、変動月を含め継続した3カ月の支払基礎日数が、いずれも17日以上（短時間労働者は11日以上）ある場合には月額変更届を提出し、随時改定が行われます。変動月以後継続した3カ月間のうち1カ月でも17日未満（短時間労働者は11日未満）の月があれば、随時改定は行われません。

変動月から4カ月目に改定

随時改定に該当した被保険者の標準報酬月額は、その翌月、つまり変動月から4カ月目に改定されます。たとえば、10月・11月・12月で随時改定の条件に該当すれば、12月給与を支払った後（3カ月目の給与の支払いが済んだ後）、月額変更届を提出し、1月に改定されます。

【例】10月に昇給があったとき

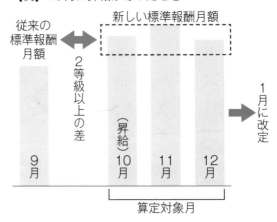

産前産後休業・育児休業等終了時の改定

産前産後休業・育児休業の終了時に、3歳未満の子を養育している被保険者が職場復帰した後、育児等の理由で報酬が低下した場合、被保険者の申出により、事業主を通じて保険者に届出をすると、標準報酬月額の改定を行うことができます（⇨P.29）。

この改定は、固定的賃金の変動や標準報酬月額で2等級以上の差がない場合など、随時改定の条件にあてはまらない場合でも、標準報酬月額に1等級の差が生じた場合は改定されます。

なお、対象となる3カ月の間に支払基礎日数が17日未満（短時間労働者は11日未満）の月があるときは、報酬の平均はその月を除外して計算します。

※短時間就労者（パート）に係る支払基礎日数の取扱いについては、3カ月のいずれも17日未満の場合は、そのうち15日以上17日未満の月の報酬月額の平均によって算定します。

等級		現在の標準報酬月額	変動月以後の3カ月の報酬がこの額以上ですか？	
健保	厚年		合計額	平均額
		円	円以上	円以上
1		58,000	219,000	73,000
2		68,000	249,000	83,000
3		78,000	279,000	93,000
4	1	88,000	303,000	101,000
5	2	98,000	321,000	107,000
6	3	104,000	342,000	114,000
7	4	110,000	366,000	122,000
8	5	118,000	390,000	130,000
9	6	126,000	414,000	138,000
10	7	134,000	438,000	146,000
11	8	142,000	465,000	155,000
12	9	150,000	495,000	165,000
13	10	160,000	525,000	175,000
14	11	170,000	555,000	185,000
15	12	180,000	585,000	195,000
16	13	190,000	630,000	210,000
17	14	200,000	690,000	230,000
18	15	220,000	750,000	250,000
19	16	240,000	810,000	270,000
20	17	260,000	870,000	290,000
21	18	280,000	930,000	310,000
22	19	300,000	990,000	330,000
23	20	320,000	1,050,000	350,000
24	21	340,000	1,110,000	370,000
25	22	360,000	1,185,000	395,000
26	23	380,000	1,275,000	425,000
27	24	410,000	1,365,000	455,000
28	25	440,000	1,455,000	485,000
29	26	470,000	1,545,000	515,000
30	27	500,000	1,635,000	545,000
31	28	530,000	1,725,000	575,000
32	29	560,000	1,815,000	605,000
33	30	590,000	1,905,000	635,000
34	31	620,000	1,995,000	665,000
35	32	650,000	2,085,000	695,000
36		680,000	2,190,000	730,000
37		710,000	2,310,000	770,000
38		750,000	2,430,000	810,000
39		790,000	2,565,000	855,000
40		830,000	2,715,000	905,000
41		880,000	2,865,000	955,000
42		930,000	3,015,000	1,005,000
43		980,000	3,165,000	1,055,000
44		1,030,000	3,345,000	1,115,000
45		1,090,000	3,525,000	1,175,000
46		1,150,000	3,735,000	1,235,000
47		1,210,000	3,885,000	1,295,000
48		1,270,000	4,065,000	1,355,000
49		1,330,000	4,065,000	1,355,000
50		1,390,000	4,245,000	1,415,000

給与体系の変更などで固定的賃金に変動がありましたか？

 いいえ

はい

固定的賃金の変動があった月から引き続く3カ月の間に支払われた報酬の平均額が、従来の標準報酬月額に比べて2等級以上の差がありましたか？

 いいえ

はい

3カ月各月とも支払基礎日数が17日以上ありましたか？

 いいえ

月額変更届を提出する必要はありません

 はい

はい

改定通知書で新標準報酬月額を通知

　月額変更届をもとに、改定された新しい標準報酬月額が決まると、それを記載した「標準報酬月額改定通知書」が保険者（年金事務所・健康保険組合・厚生〔企業〕年金基金）から送付されます。この新しい標準報酬月額は、再び改定されることがないかぎり、随時改定が6月以前に行われた場合はその年の8月まで、7月以降に行われた場合は翌年の8月まで使われることになります。事業主（会社）は新しい標準報酬月額を、該当する被保険者に通知することが必要です。

（令和5年4月1日現在）

はい

月額変更届を提出してください

3 随時改定

報酬が上限・下限の場合

標準報酬月額には、上限・下限がありますので、その上（下）限に該当する等級や、その1等級下（上）に該当する人は報酬に大幅な変動があっても2等級の差が出ないことになります。このような場合でも、実質的に2等級以上の変動が生じた場合は、随時改定の対象となります。

厚生年金保険の場合

ケース	従前の標準報酬月額	報酬の平均月額	改定後
昇給の場合	31等級・620千円	665千円以上	32等級・650千円
	1等級・88千円で報酬月額83千円未満	93千円以上	2等級・98千円
降給の場合	32等級・650千円で報酬月額665千円以上	635千円未満	31等級・620千円
	2等級・98千円	83千円未満	1等級・88千円

健康保険の場合

ケース	従前の標準報酬月額	報酬の平均月額	改定後
昇給の場合	49等級・1,330千円	1,415千円以上	50等級・1,390千円
	1等級・58千円で報酬月額53千円未満	63千円以上	2等級・68千円
降給の場合	50等級・1,390千円で報酬月額1,415千円以上	1,355千円未満	49等級・1,330千円
	2等級・68千円	53千円未満	1等級・58千円

一時帰休による休業手当の取扱い

一時帰休（レイオフ）により、通常の報酬より低額の休業手当等を3カ月以上にわたって受けるようになった場合は、固定的賃金の変動とみなされ、随時改定の対象となります。また、一時帰休により随時改定が行われた後に、一時帰休の状態が解消して通常の報酬を受けるようになった場合も同様に固定的賃金の変動となります。

修正平均を出すとき

■さかのぼり昇給があったとき

さかのぼり昇給があったため、昇給差額が支給された場合は、昇給差額が支給された月が固定的賃金の変動月となり、昇給差額支給月以後3カ月で随時改定に該当するかどうかを調べることになります。この場合、昇給差額支給分を含めて計算すると、昇給差額分だけ報酬月額が高くなりますので、昇給差額分をひいて報酬月額を算定（修正平均）します。

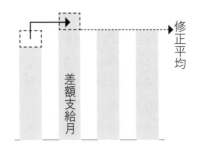

■昇給月以前の給料遅配分が支給されたとき

算定対象月（変動月以後の3カ月）のいずれかの月に、昇給月より前の給料遅配分が支給された場合、給料遅配分を含めて計算すると、給料遅配分だけ報酬月額が高くなりますので、給料遅配分をひいて報酬月額を算定（修正平均）します。

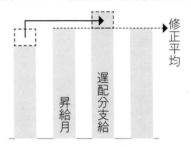

■修正平均で2等級以上の差があるときに改定

単純平均で2等級以上の差が生じても、修正平均で2等級以上の差が生じない場合は、随時改定に該当しません。

随時改定に該当しない場合

固定的賃金は下がったが、残業手当など非固定的賃金が多くなったため2等級以上の差になった場合は、随時改定に該当しません。また、固定的賃金は上がったが、残業手当など非固定的賃金が少なくなったため2等級以上下がった場合も随時改定に該当しません。

保険者算定

業務の性質上、季節的に報酬が変動することにより、通常の方法で随時改定を行うことが著しく不当であると認められる場合、年間平均による保険者算定の申し立てが可能です。

通常の随時改定（3カ月間の報酬の平均から算出）の計算方法により算出した標準報酬月額と、昇給（降給）月以後の継続した3カ月の間に受けた固定的賃金の月平均額に、昇給（降給）月前の継続した9カ月および昇給（降給）月以後の継続した3カ月の間に受けた非固定的賃金の月平均額を加えた額から算出した標準報酬月額（年間平均額から算出した標準報酬月額）との間に2等級以上の差があり、この差が業務の性質上例年発生することが見込まれ、現在の標準報酬月額と年間平均額から算出した標準報酬月額との間に1等級以上の差がある場合は、保険者算定の対象とすることができます。

【この保険者算定に該当する業種の例】
- 収穫期を迎える農産物の加工の業種
- 取り扱う魚種の漁期により加工作業が生じる水産加工業

等の業種
- 夏・冬季に繁忙期または閑散期を迎えるホテル等の業種
- 業種を問わず、人事異動や決算など特定の時期が繁忙期となり残業代が増加する総務、会計等の部署　など

■保険者算定の申し立て手続き

　以下の届出を事業主が保険者に提出します。また、該当する被保険者の報酬月額変更届の備考欄にその旨を記載します。

- 該当する被保険者が保険者算定の要件に該当すると考えられる理由を記載した申立書。
- 保険者算定を申し立てることに関する被保険者の同意書。
- 昇給（降給）月以後の継続した3カ月の間に受けた固定的賃金と、昇給（降給）月前の継続した9カ月および昇給（降給）月以後の継続した3カ月の間に受けた非固定的賃金等を記載した書類。

例1 昇給があったとき

昇給があったときは、随時改定に該当するかどうか調べます。固定的賃金の変動があった月を含めて、引き続く3カ月間の報酬月額の平均を標準報酬月額にあてはめ、従前の標準報酬月額に比べて2等級以上の差があったとき、随時改定に該当します。

例では従前の標準報酬月額が200千円（健保17等級・厚年14等級）だったところ、随時改定によって240千円（健保19等級・厚年16等級）となりました。

	基本給	住宅手当	通勤手当	残業手当	合計
10月	210,000円	10,000円	6,000円	9,000円	235,000円
11月	210,000円	10,000円	6,000円	8,000円	234,000円
12月	210,000円	10,000円	6,000円	10,000円	236,000円
				総計	705,000円

報酬月額 （235,000円＋234,000円＋236,000円）÷3＝235,000円

標準報酬月額 240千円（健保19等級・厚年16等級） 令和6年1月より

項目名	① 被保険者整理番号	② 被保険者氏名	③ 生年月日	④ 改定年月	⑰ 個人番号［基礎年金番号］※70歳以上被用者の場合のみ
	⑤ 従前の標準報酬月額	⑥ 従前改定月	⑦ 昇（降）給	⑧ 遡及支払額	
	⑨ 給与支給月 / ⑩ 給与計算の基礎日数	報酬月額		⑭ 総計 / ⑮ 平均額 / ⑯ 修正平均額	
		⑪ 通貨によるものの額	⑫ 現物によるものの額	⑬ 合計(⑪+⑫)	

「4.昇給・降給の理由」を○で囲み、（　）内に理由を記載

1	① 76	② 健康太郎	③ 5-600421	④ 6年1月	⑰
	⑤健 200千円 / 厚 200千円	⑥ 5年9月	⑦昇（降）給 10月 1.昇給 2.降給	⑧遡及支払額	⑱ 1. 70歳以上被用者月額変更 2. 二以上勤務 3. 短時間労働者（特定適用事業所等）**4. 昇給・降給の理由** （基本給の変更） 5. 健康保険のみ月額変更（70歳到達時の契約変更等） 6. その他（　）
	⑨10月 ⑩31日 ⑪通貨 235,000円 ⑫現物 0円		⑬合計(⑪+⑫) 235,000円	⑭総計 705,000	
	⑨11月 ⑩30日 ⑪ 234,000円 ⑫ 0円		⑬ 234,000円	⑮平均額 235,000	
	⑨12月 ⑩31日 ⑪ 236,000円 ⑫ 0円		⑬ 236,000円	⑯修正平均額	

例2 昇給差額が支給されたとき

さかのぼり昇給があったときは、実際に昇給差額が支給された月から3カ月平均で、従前の標準報酬月額と2等級の差があるかどうかを調べます。この場合、昇給差額を入れて単純平均を計算しますが、修正平均は、昇給差額を除いて計算します。修正平均した額が報酬月額となり、これを標準報酬月額にあてはめたものと、従前の標準報酬月額との間に2等級以上の差があれば、随時改定が行われます。

例えば、8月に昇給があったが昇給差額は9月に支払われた場合、9月を変動月とみなし、8月分の昇給差額分を差し引いた3カ月分の報酬の合計を3で割り、修正平均をした額で算定します。

	基本給	諸手当	8月昇給分差額	合計
9月	280,000円	20,000円	20,000円	320,000円
10月	280,000円	26,000円		306,000円
11月	280,000円	25,000円		305,000円
			総計	931,000円

■単純平均＝((320,000円＋306,000円＋305,000円)÷3≒
310,333円←「⑮平均額」にはこの額を記入

■修正平均＝(320,000円－20,000円＋306,000円＋305,000円)÷3≒
303,666円←「⑯修正平均額」にはこの額を記入 （円未満切り捨て）

標準報酬月額 300千円（健保22等級・厚年19等級）
令和5年12月より

項目名	① 被保険者整理番号	② 被保険者氏名	③ 生年月日	④ 改定年月	⑰ 個人番号［基礎年金番号］※70歳以上被用者の場合のみ
	⑤ 従前の標準報酬月額	⑥ 従前改定月	⑦ 昇（降）給	⑧ 遡及支払額	
	⑨ 給与支給月 / ⑩ 給与計算の基礎日数	報酬月額		⑭ 総計 / ⑮ 平均額 / ⑯ 修正平均額	
		⑪ 通貨によるものの額	⑫ 現物によるものの額	⑬ 合計(⑪+⑫)	

「4.昇給・降給の理由」を○で囲み、（　）内に理由を記載

1	① 76	② 健康太郎	③ 5-600421	④ 5年12月	⑰
	⑤健 260千円 / 厚 260千円	⑥ 5年9月	⑦昇（降）給 9月 1.昇給 2.降給	⑧遡及支払額 9月 20,000	⑱ 1. 70歳以上被用者月額変更 2. 二以上勤務 3. 短時間労働者（特定適用事業所等）**4. 昇給・降給の理由** （基本給の変更） 5. 健康保険のみ月額変更（70歳到達時の契約変更等） 6. その他（　）
	⑨9月 ⑩30日 ⑪通貨 320,000円 ⑫現物 0円		⑬合計(⑪+⑫) 320,000円	⑭総計 931,000	
	⑨10月 ⑩31日 ⑪ 306,000円 ⑫ 0円		⑬ 306,000円	⑮平均額 310,333	
	⑨11月 ⑩30日 ⑪ 305,000円 ⑫ 0円		⑬ 305,000円	⑯修正平均額 303,666	

④ 保険料の額と納め方

健康保険と厚生年金保険の保険料は、標準報酬月額に基づいて決められた保険料の額を、事業主と被保険者が折半で負担し、毎月事業主が一括して納付します。また、賞与等支払月には、標準賞与額に基づいて決められた健康保険と厚生年金保険の保険料を合算した額を納めます。

保険料の額

保険料の額は、被保険者1人1人について、標準報酬月額に保険料率をかけて計算します。健康保険の40歳以上65歳未満の被保険者については、介護保険料が上乗せされています。

$$標準報酬月額 \times 保険料率 = 保険料額$$

※保険料の額は月単位で計算され、採用の日が月末でも1カ月分の保険料の納入が必要です。

※資格喪失の月（月末退職の場合はその翌月）分の保険料の納入は必要ありません（⇨P.38）。

協会けんぽの保険料率

協会けんぽの保険料率は、都道府県ごとの保険料率が適用されています。都道府県単位の保険料率については、各都道府県支部の医療費を賄うために必要となる保険料率に、年齢調整・所得調整を行い、後期高齢者支援金等の全国一律に賦課される保険料率と支部の保健事業等に要する保険料率等を加えたものとなっています。

健康保険料率及び介護保険料率の変更は、3月分（4月納付分）からとなります。

【協会けんぽ都道府県単位保険料率：令和5年3月分〜】
（任意継続被保険者は令和5年4月分から適用）

北海道	10.29%	石 川 県	9.66%	岡 山 県	10.07%
青 森 県	9.79%	福 井 県	9.91%	広 島 県	9.92%
岩 手 県	9.77%	山 梨 県	9.67%	山 口 県	9.96%
宮 城 県	10.05%	長 野 県	9.49%	徳 島 県	10.25%
秋 田 県	9.86%	岐 阜 県	9.80%	香 川 県	10.23%
山 形 県	9.98%	静 岡 県	9.75%	愛 媛 県	10.01%
福 島 県	9.53%	愛 知 県	10.01%	高 知 県	10.10%
茨 城 県	9.73%	三 重 県	9.81%	福 岡 県	10.36%
栃 木 県	9.96%	滋 賀 県	9.73%	佐 賀 県	10.51%
群 馬 県	9.76%	京 都 府	10.09%	長 崎 県	10.21%
埼 玉 県	9.82%	大 阪 府	10.29%	熊 本 県	10.32%
千 葉 県	9.87%	兵 庫 県	10.17%	大 分 県	10.20%
東 京 都	10.00%	奈 良 県	10.14%	宮 崎 県	9.76%
神奈川県	10.02%	和歌山県	9.94%	鹿児島県	10.26%
新 潟 県	9.33%	鳥 取 県	9.82%	沖 縄 県	9.89%
富 山 県	9.57%	島 根 県	10.26%		

※都道府県単位保険料率のうち、後期高齢者医療制度の支援金等にあてられる特定保険料率は3.57%（全国一律）となります。

※都道府県単位保険料率から特定保険料率を控除したものが、加入者の給付費等にあてられる基本保険料率となります。

※40歳から64歳までの被保険者（介護保険第2号被保険者）は、これに介護保険の保険料率（1.82%）が加わります。

健康保険組合の保険料率

健康保険組合の健康保険の保険料率は3%〜13%の範囲内で、組合の実情に応じ規約で定められます。

厚生年金保険の保険料率

一般：18.3%　　**坑内員・船員：18.3%**

※農林漁業団体は平成20年9月から、日本たばこ産業、旅客鉄道会社等は平成21年9月から、厚生年金保険の一般と同率になりました。

厚生年金基金の保険料率

厚生年金基金の保険料率については基金ごとに免除保険料率（2.4%〜5.0%の27段階）が決められており、国には免除保険料率分を差し引いた保険料を、基金には免除保険料率に基づき規約で定められた掛金を納めます。

保険料額の負担割合

健康保険、厚生年金保険、介護保険それぞれ、保険料は事業主と被保険者が折半で負担します。

介護保険第2号被保険者の保険料

40歳以上65歳未満の健康保険の加入者は、介護保険の第2号被保険者として40歳の誕生日の前日の属する月から介護保険料を負担します。届け出ている生年月日で年齢が把握できるため、40歳になった届出は必要ありません。介護保険料は健康保険の保険料に上乗せして徴収されますので、事業主に対する保険料の納入告知も一般保険料と合わせて行われます。協会けんぽの被扶養者の介護保険料については、被保険者全体で負担するしくみであるため、個別に納める必要はありません。ただし、健康保険組合によっては、被扶養者に対する介護保険料を徴収する場合※があります。

※例）被保険者本人は第2号被保険者に該当しない人（40歳未満、65歳以上の人など）の被扶養者が、介護保険第2号被保険者（40歳以上65歳未満）にあてはまる場合など。

保険料の納め方

給料からの控除

事業主は、被保険者の当月分の給料から前月分の保険料（被保険者負担分）を控除し、これに事業主負担分を加えて納付する義務があります。被保険者負担分を控除したときは、控除額を給料明細書に記載するなどして通知しなければなりません。なお、資格喪失後の任意加入の被保険者は本人の責任で保険料を納付しますが、厚生年金保険の高齢任意加入被保険者については、事業主が同意すれば事業主が保険料の半額を負担し、本人負担分を給料から控除して納めることができます（⇨P.41）。

保険料の端数計算に伴う事業主負担

納入告知額の保険料については、被保険者個々の保険料額（保険料額表の全額欄）を合算した金額となり、その合算した金額に1円未満の端数がある場合は、端数を切り捨てた金額となります。

保険料は原則として事業主、被保険者それぞれ折半となりますが、被保険者負担額に1円未満の端数がある場合、
①事業主が給与から被保険者負担分を控除する場合、被保険者負担分の端数が50銭以下の場合は切り捨てし、51銭以上の場合は切り上げして1円となります。
②被保険者が被保険者負担分を事業主へ現金で支払う場合、被保険者負担分の端数が50銭未満の場合は切り捨てし、50銭以上の場合は切り上げして1円となります。
※①②に関わらず、事業主と被保険者の間で特約がある場合には、特約に基づき端数処理をすることができます。

端数処理をして被保険者負担を確定した後、合算した保険料額から被保険者負担分を差し引いた金額が事業主負担となります。

子ども・子育て拠出金の納付

児童手当法に基づき、小学校6年生までの児童を養育する人には児童手当が支給されます。その支給に要する費用を厚生年金保険の事業主から拠出してもらうことになっています。その拠出金は、厚生年金保険の被保険者（育児休業等により保険料を免除されている人を除く）の標準報酬月額・標準賞与額に一定率（令和5年4月分〔5月納付分〕は0.36%）をかけた額となり、全額事業主負担で保険料と一緒に年金事務所等に納めます。

納付方法と納付期限

前月分の保険料を計算した「保険料納入告知書」が毎月20日ごろ発送されますので、それに事業主負担分と被保険者負担分を合わせた保険料額を添えて、その月の末日までに保険

者（年金事務所または健康保険組合、厚生〔企業〕年金基金）に納めます。納入場所は、年金事務所、健康保険組合、厚生（企業）年金基金、金融機関、郵便局です。なお、取引銀行の預金口座から自動振替する方法もあります。

保険料を納付期限までに納めないと、期限を指定した督促状が送られ、その指定期限を過ぎると財産差押えなどの強制徴収が行われます。また、納付期限の翌日から保険料完納または強制徴収の前日までの滞納期間について、年14.6%の割合で延滞金がかかります。

なお、延滞金の割合は現在の金利状況等を踏まえて特例が設けられています。令和5年1月1日からは、納付期限の翌日から3カ月を経過する日までは年2.4%、その翌日以降は年8.7%の割合となります。

標準賞与額に対する保険料

年3回を超えない範囲で支給される賞与（ボーナス・期末手当・決算手当等、名称のいかんを問わず労働者が労働の対価として受けるすべてのもの）は、保険料の計算の対象になります。支給額の1,000円未満を切り捨てた額を、「標準賞与額」といいます。

標準賞与額に対する保険料の計算

実際の賞与等の支給額から1,000円未満を切り捨てた「標準賞与額」に毎月の保険料率と同率の保険料率をかけ、各被保険者ごとに計算します。標準賞与額は、健康保険では年度累計573万円、厚生年金保険では1カ月あたり150万円を上限としています（標準報酬月額の上限の改定が行われた場合は、政令で改定されます）。同月内に2回以上支給されるときは、合算した額で上限額が適用されます。

賞与支払届の提出

事業主は賞与の支給をしたら5日以内に「被保険者賞与支払届」を年金事務所、または健康保険組合、厚生（企業）年金基金に提出します。賞与支払届は算定基礎届同様、あらかじめ被保険者の氏名などが印字された用紙が賞与支払予定月の前月に事業主宛に送られてきます。

これまで「被保険者賞与支払届」に添付が必要だった「被保険者賞与支払届総括表」は廃止され、令和3年4月1日以降提出分から提出は不要となりました。

賞与不支給報告書の提出

令和3年4月から「賞与不支給報告書」が新設され、日本年金機構に登録している賞与支払予定月に誰にも賞与を支給しなかった場合に提出します（支払予定月を登録している事業所には、支払予定月の前月に年金事務所から報告書用紙が送られてきます）。賞与が不支給の場合は、「被保険者賞与支払届」の提出は不要です。

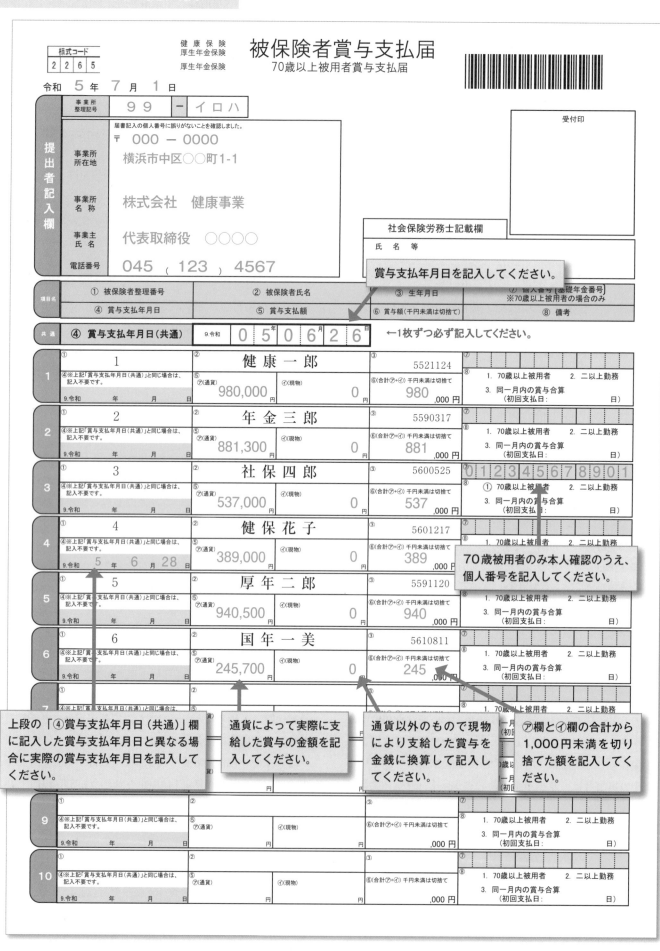

様式コード			
2	2	6	5

健康保険
厚生年金保険
厚生年金保険

被保険者賞与支払届
70歳以上被用者賞与支払届

令和 5 年 7 月 1 日

提出者記入欄

事業所整理記号	9 9 － イ ロ ハ

届書記入の個人番号に誤りがないことを確認しました。

事業所所在地	〒 000 － 0000 横浜市中区○○町1-1
事業所名称	株式会社　健康事業
事業主氏名	代表取締役　○○○○
電話番号	045 （ 123 ） 4567

受付印

社会保険労務士記載欄

氏 名 等

賞与支払年月日を記入してください。

項目名	① 被保険者整理番号	② 被保険者氏名	③ 生年月日	⑦ 個人番号 [基礎年金番号] ※70歳以上被用者の場合のみ
	④ 賞与支払年月日	⑤ 賞与支払額	⑥ 賞与額（千円未満は切捨て）	⑧ 備考

| 共通 | ④ 賞与支払年月日（共通）　9.令和　0 5 年 0 6 月 2 6 日　←1枚ずつ必ず記入してください。 |

1
① 1　② 健康 一郎　③ 5521124
④※上記「賞与支払年月日（共通）」と同じ場合は、記入不要です。　9.令和　年　月　日
⑤（通貨）980,000 円　④（現物）0 円　⑥（合計⑦+④）千円未満は切捨て 980,000 円
⑧ 1. 70歳以上被用者　2. 二以上勤務　3. 同一月内の賞与合算（初回支払日：　日）

2
① 2　② 年金 三郎　③ 5590317
④※上記「賞与支払年月日（共通）」と同じ場合は、記入不要です。　9.令和　年　月　日
⑤（通貨）881,300 円　④（現物）0 円　⑥（合計⑦+④）千円未満は切捨て 881,000 円
⑧ 1. 70歳以上被用者　2. 二以上勤務　3. 同一月内の賞与合算（初回支払日：　日）

3
① 3　② 社保 四郎　③ 5600525　⑦ 0 1 2 3 4 5 6 7 8 9 0 1
④※上記「賞与支払年月日（共通）」と同じ場合は、記入不要です。　9.令和　年　月　日
⑤（通貨）537,000 円　④（現物）0 円　⑥（合計⑦+④）千円未満は切捨て 537,000 円
⑧ ① 70歳以上被用者　2. 二以上勤務　3. 同一月内の賞与合算（初回支払日：　日）

4
① 4　② 健保 花子　③ 5601217
④※上記「賞与支払年月日（共通）」と同じ場合は、記入不要です。　9.令和　5 年 6 月 28 日
⑤（通貨）389,000 円　④（現物）0 円　⑥（合計⑦+④）千円未満は切捨て 389,000 円
⑧ 1. 70歳以上被用者　2. 二以上勤務　3. 同一月内の賞与合算（初回支払日：　日）

70歳被用者のみ本人確認のうえ、個人番号を記入してください。

5
① 5　② 厚年 二郎　③ 5591120
④※上記「賞与支払年月日（共通）」と同じ場合は、記入不要です。　9.令和　年　月　日
⑤（通貨）940,500 円　④（現物）0 円　⑥（合計⑦+④）千円未満は切捨て 940,000 円
⑧ 1. 70歳以上被用者　2. 二以上勤務　3. 同一月内の賞与合算（初回支払日：　日）

6
① 6　② 国年 一美　③ 5610811
④※上記「賞与支払年月日（共通）」と同じ場合は、記入不要です。　9.令和　年　月　日
⑤（通貨）245,700 円　④（現物）0 円　⑥（合計⑦+④）千円未満は切捨て 245,000 円
⑧ 1. 70歳以上被用者　2. 二以上勤務　3. 同一月内の賞与合算（初回支払日：　日）

7
①　②　③
④※上記「賞与支払年月日（共通）」と同じ場合は、記入不要です。
⑤（通貨）
⑧ 1. 70歳以上被用者　2. 二以上勤務

上段の「④賞与支払年月日（共通）」欄に記入した賞与支払年月日と異なる場合に実際の賞与支払年月日を記入してください。

通貨によって実際に支給した賞与の金額を記入してください。

通貨以外のもので現物により支給した賞与を金銭に換算して記入してください。

⑦欄と④欄の合計から1,000円未満を切り捨てた額を記入してください。

9
①　②　③
④※上記「賞与支払年月日（共通）」と同じ場合は、記入不要です。　9.令和　年　月　日
⑤（通貨）　④（現物）　⑥（合計⑦+④）千円未満は切捨て 000 円
⑧ 1. 70歳以上被用者　2. 二以上勤務　3. 同一月内の賞与合算（初回支払日：　日）

10
①　②　③
④※上記「賞与支払年月日（共通）」と同じ場合は、記入不要です。　9.令和　年　月　日
⑤（通貨）　④（現物）　⑥（合計⑦+④）千円未満は切捨て 000 円
⑧ 1. 70歳以上被用者　2. 二以上勤務　3. 同一月内の賞与合算（初回支払日：　日）

4 保険料

賞与不支給報告書の記入例

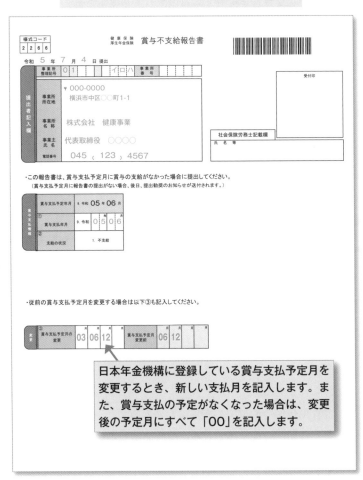

日本年金機構に登録している賞与支払予定月を変更するとき、新しい支払月を記入します。また、賞与支払の予定がなくなった場合は、変更後の予定月にすべて「00」を記入します。

賞与に対する保険料負担

賞与に対する保険料は、その月の給与（標準報酬月額）に対する保険料と合わせて、翌月の納入告知書により請求されます。賞与に対する保険料は、通常の保険料負担と同様に、事業主と被保険者が折半で負担します。

介護保険に該当する被保険者は健康保険料に介護保険料が上乗せされます。

70歳以上の人は厚生年金保険の被保険者とならないので、健康保険料のみ控除します（後期高齢者医療制度の被保険者を除く）。

賞与に対する子ども・子育て拠出金も同時に納付します（全額事業主負担）

賞与支払届の留意事項

■資格喪失月の賞与支払届

資格喪失月に支払われた賞与は保険料賦課の対象とはなりません（⇨P.38）。ただし、健康保険では、資格喪失月であっても資格喪失日の前日までに支払われた賞与については、標準賞与額として決定し、標準賞与額の累計額（年度の累計額573万円）に含めますので、該当する被保険者の賞与額を賞与支払届に記入して提出します。

■賞与額が上限を超えた場合

標準賞与額の年度の累計額573万円（年度は毎年4月1日から翌日3月31日まで）を超えた場合、その翌月以降においても賞与が支払われたときは、賞与支払届の提出は必要です。

■産前産後休業・育児休業等による保険料免除期間の賞与支払届

産前産後休業・育児休業等期間中に支払われた賞与に関しては保険料賦課の対象とはなりません。健康保険では、保険料賦課の対象とならない賞与についても年度の累計額に含めることになっていますので、該当する被保険者については標準賞与額として決定し、賞与支払届の提出が必要です。

■年度内に転職・転勤した人がいる場合

年度内に転職、転勤した人の標準賞与額の累計は、保険者単位で計算されます。協会けんぽから健康保険組合など保険者が異なる事業所へ転職した場合などでは、累計は行われません。同じ保険者内で、年度内に転職・転勤した人で、転職先ごとに上限額（573万円）を超えた場合は、超えるたびに「標準賞与額累計申出書」の提出が必要です。なお、同一の事業所で引き続き勤務して、年度内累計額が上限を超えた場合は自動計算されますので、申出は必要ありません。

産前産後休業・育児休業等期間中の保険料

■産前産後休業期間中の保険料免除と終了時の標準報酬月額の改定

産前産後休業期間（産前42日〔多胎妊娠の場合は98日〕、産後56日のうち、妊娠または出産を理由として労務に従事しなかった期間）の健康保険・厚生年金保険の保険料は、事業主が「産前産後休業取得者申出書／変更（終了）届」を提出することで被保険者分・事業主分とも免除されます。対象となる期間は産前産後休業開始月から終了予定日の翌日の月の前月（産前産後休業終了日が月の末日の場合は産前産後休業終了月）までです。

免除期間中も被保険者資格に変更はなく、将来、年金額を計算する際は保険料を納めた期間として扱われます。

また、産前産後休業終了日にその産前産後休業に係る子を養育している被保険者は、次の条件を満たす場合、事業主を経由して「産前産後休業終了時報酬月額変更届」を提出すれば、随時改定に該当しなくても、産前産後休業終了日の翌日が属する月以後3カ月間に受けた報酬の平均月額に基づき、4カ月目の標準報酬月額から改定することができます。ただし、産前産後休業を終了した日の翌日に引き続いて育児休業を開始した場合は提出できません。

- これまでの標準報酬月額と改定後の標準報酬月額（産前産後休業終了日の翌日が属する月以後3カ月分の報酬の平均月額に基づき算出）との間に1等級以上の差が生じること。
- 産前産後休業終了日の翌日が属する月以後3カ月のうち、少なくとも1カ月における支払基礎日数が17日以上（特

定適用事業所に勤務する短時間労働者は11日）であること。

※短時間就労者（パート）に係る支払基礎日数の取扱いについては、3カ月のいずれも17日未満の場合は、そのうち15日以上17日未満の月の報酬月額の平均によって算定します。

改定された標準報酬月額は、1月から6月までの改定ならばその年の8月まで、7月から12月までの改定ならば翌年の8月まで適用されます。

■育児休業等期間中の保険料免除と終了時の標準報酬月額の改定

満3歳未満の子を養育するために育児休業または育児休業制度に準ずる休業（以下「育児休業等」）を取得する被保険者は、育児休業等を開始した月から最長で子が3歳になるまで（育児休業等終了予定日の翌日の前月分）の期間の健康保険・厚生年金保険の保険料が被保険者分・事業主分ともに免除されます。

令和4年10月より、1カ月以下の短期の育児休業等については、その月内に通算14日以上の育休を取得した場合、当月の保険料が免除され、また、賞与からの保険料は育児休業が1カ月を超える場合に免除されるようになりました。

事業主が「育児休業等取得者申出書（新規・延長）／終了届」を提出することで被保険者分・事業主分ともに免除されます。すでに申し出ている期間を延長する場合や、育児休業等終了予定日の前に育児休業を終了する場合、第1子の育児休業期間中に第2子の産前産後休業を取得した場合にも、「育児休業等取得者申出書（新規・延長）／終了届」の提出が必要です。

免除期間中も被保険者資格に変更はなく、将来、年金額を計算する際は保険料を納めた期間として扱われます。

また、育児休業等終了時に3歳未満の子を養育している被保険者は、次の条件を満たす場合、事業主を経由して「育児休業等終了時報酬月額変更届」を提出すれば、随時改定に該当しなくても、育児休業終了日の翌日が属する月以後3カ月間に受けた報酬の平均月額に基づき、4カ月目の標準報酬月額から改定することができます。

- これまでの標準報酬月額と改定後の標準報酬月額（育児休業等終了日の翌日が属する月以後3カ月分の報酬の平均月額に基づき算出）との間に1等級以上の差が生じること。
- 育児休業等終了日の翌日が属する月以後3カ月のうち、少なくとも1カ月における支払基礎日数が17日以上（特定適用事業所に勤務する短時間労働者は11日）であること。

※短時間就労者（パート）に係る支払基礎日数の取扱いについては、3カ月のいずれも17日未満の場合は、そのうち15日以上17日未満の月の報酬月額の平均によって算定します。

改定された標準報酬月額は、育児休業等終了日の翌日から起算して2カ月を経過する月の翌月から改定され、1月から6月までの改定ならばその年の8月まで、7月から12月までの改定ならば翌年の8月まで適用されます。

■3歳に満たない子を養育する被保険者の標準報酬月額の特例について

次世代育成支援の拡充を目的とし、子どもが3歳までの間、勤務時間短縮等の措置を受けて働き、それに伴って標準報酬月額が低下した場合、子どもが生まれる前の標準報酬月額に基づく年金額を受け取ることができます。

被保険者の申し出に基づき、より高い従前の標準報酬月額をその期間の標準報酬月額とみなして年金額を計算します。養育期間中の報酬の低下が将来の年金額に影響しないようにするための措置です。

従前の標準報酬月額とは養育開始月の前月の標準報酬月額を指しますが、養育開始月の前月に厚生年金保険の被保険者でない場合には、その月前1年以内の直近の被保険者であった月の標準報酬月額が従前の報酬月額とみなされます。その月前1年以内に被保険者期間がない場合は、みなし措置は受けられません。

育児休業等の取得の有無にかかわらず、3歳未満の子を養育する期間の標準報酬月額が養育開始前の標準報酬月額（従前標準報酬月額）を下回る場合には、被保険者は事業主を経由して「養育期間標準報酬月額特例申出書・終了届」を提出します。この申し出により、保険料は実際の標準報酬月額に基づき決定しますが、年金額を計算するにあたっては、従前の標準報酬月額であるとみなされ、将来の年金額が不利にならないよう、特例措置が設けられています。なお、この特例は厚生年金保険のみに適用されます。

特例措置の適用期間は、子を養育することとなった日の属する月から、次のいずれかが該当する日の翌日の属する月の前月までの各月のうち、従前の標準報酬月額を下回る期間です。

- 子が3歳に達したとき
- 資格喪失したとき
- 子が死亡したとき、または養育しなくなったとき
- 新たに産前産後休業・育児休業等を開始したとき
- 申し出にかかる子以外の子の標準報酬月額の特例を受けるとき

5 従業員を採用したとき

従業員が常時いる法人事業所や、常時5人以上の従業員がいる個人事業所は、健康保険・厚生年金保険の適用事業所となり、従業員は国籍・地位・性別・報酬などに関係なく、原則として、健康保険は75歳、厚生年金保険は70歳になるまで被保険者となります。

被保険者

強制適用事業所

常時5人以上の従業員がいる適用業種の個人事業所、従業員1人以上の国、地方公共団体、または法人事業所はすべて社会保険に加入し、従業員は被保険者になります。

任意適用事業所

強制適用に該当しない事業所（従業員5人未満の個人事業所・サービス業等の個人事業所）でも、従業員半数以上の同意を得て、管轄の年金事務所長等に申請し、認可を受ければ、適用事業所（任意適用事業所）となることができます。被保険者から除外される人を除き、働いている人全員が加入することになります。

被保険者資格と使用関係

適用事業所に使用される人は健康保険・厚生年金保険の被保険者になりますが、次の条件を満たしていることが必要です。
①常態として、事業主の人事管理の下にあること……会社の社長なども、広い意味で法人に使用されている人として、被保険者になります。
②常態として、労務を提供し、その対償として給料や賃金を受けていること……正式採用前に、見習社員という形で勤務する場合は、見習期間中から被保険者となります。

適用除外となる人

健康保険の適用事業所に使用されていても被保険者とならないことを適用除外といい、次に該当する場合は、船員保険、国民健康保険など他の医療保険に加入することになります。
- 船員保険の被保険者
- 所在地の一定しない事業所に使用される人
- 国民健康保険組合の事業所に使用される人（健康保険のみ）
- 健康保険の保険者または共済組合の承認を受けて国民健康保険へ加入した人（健康保険のみ）
- 後期高齢者医療制度の被保険者

日々雇い入れられる人の取扱い

適用事業所に使用される人でも、就労形態・使用関係等に

よっては一般の被保険者とならないケースもあります。そのような場合は被保険者の範囲から除かれ（適用除外）、健康保険では健康保険法第3条第2項被保険者となり、年金制度では国民年金の第1号被保険者になります。

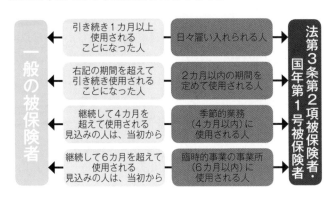

短時間就労者（パート）の取扱い

短時間就労者（パート）の人は、次の勤務時間と勤務日数の両方に該当するときに常用的使用関係にあるとみなされ、被保険者として扱われます。
①1週の勤務時間が、その事業所で同種の業務を行う一般社員の所定労働時間の4分の3以上あること。
②1カ月の勤務日数が、その事業所で同種の業務を行う一般社員の所定労働日数の、4分の3以上あること。

短時間労働者の取扱い

1週間の所定労働時間が、同一の事業所に使用される通常の労働者の1週間の所定労働時間の4分の3未満、又は1月間の所定労働日数が同一の事業所に使用される通常の労働者の1月間の所定労働日数の4分の3未満である短時間労働者に該当し、かつ、AからEまでのすべての要件に該当する人は健康保険・厚生年金被保険者になります。

A　1週間の所定労働時間が20時間以上の場合
B　当該事業所に継続して2カ月を超えて使用されることが見込まれる場合
C　賃金の月額が88,000円以上の場合
D　大学生等の学生でない場合
E　勤務先が特定適用事業所（従業員数が101人以上）

また、AからDに該当し、Eに該当しなくても、勤務先が労使の合意のもと、任意特定適用事業所となった場合は、健康保険・厚生年金被保険者となります。

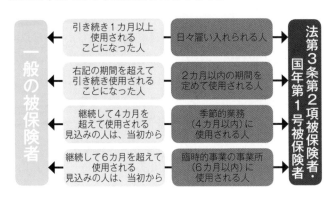

被保険者資格の取得

被保険者は、入社など①～③のような状態になったときに資格を取得します。

①適用事業所に常態として使用されるようになった日

②事業所が強制適用事業所または任意適用事業所となった日

③臨時雇用などのため適用除外だった人が、そうでなくなった日

※入社後、試用期間が設けられている場合でも、事実上の使用関係があれば、入社日から被保険者となります。

被保険者資格取得届

従業員を新たに雇用したときは、資格取得日から5日以内に、「被保険者資格取得届」を提出します。提出先は、健康保険については年金事務所または健康保険組合、厚生年金保険については年金事務所または厚生（企業）年金基金です。

■マイナンバー（個人番号）の記入

「被保険者資格取得届」など、これまで基礎年金番号を記載していた届書については、平成30年3月以降、マイナンバーを記入して提出することになりました。

■扶養家族がいる人

新たに雇用した従業員に扶養家族がいる場合には、「被扶養者（異動）届」を、「被保険者資格取得届」に添えて提出します。

■年金を受けている人

老齢厚生年金を受けている人については、総報酬月額相当

額と受給年金額によって、年金の全部または一部が支給停止されることになっています。これらの人を雇用した場合についても、所要事項を確認のうえ「被保険者資格取得届」を提出します。

■2以上の事業所に勤める場合

2カ所以上の事業所に勤務するようになった被保険者の場合は、10日以内に「被保険者資格取得届」と「所属選択・二以上事業所勤務届」を提出します。報酬月額はそれぞれの事業所で受けている報酬を合計した額に基づいて、1つの標準報酬月額が決められ、保険料はそれぞれの事業所での報酬金額にみあった割合で按分されます。2カ所以上の事業所の保険者が協会けんぽと健康保険組合のように異なっていたり、それぞれの事業所の管轄する年金事務所が異なる場合などは、「所属選択・二以上事業所勤務届」を提出し、1つの保険者を選択します。保険料徴収や保険給付はその保険者を通じて行われます。

■資格取得時の本人確認

事業主は「被保険者資格取得届」の提出時に、被保険者となる人の本人確認をします。新たに被保険者となる人を採用した場合、事業主がその人の氏名、生年月日、性別、住所、マイナンバーまたは基礎年金番号等を本人に確認のうえ、「被保険者資格取得届」に記入して届け出ます。

例 被保険者資格取得届の書き方

70歳以上の被保険者

■厚生年金の加入は70歳、健康保険の加入は75歳になるまで

　70歳以上の被保険者は、適用事業所に在職していても70歳の誕生日の前日に厚生年金保険の資格を喪失し、健康保険だけの被保険者となります。また、75歳からは原則として後期高齢者医療制度の被保険者となるため、健康保険の資格は喪失します。

　70歳以上の被保険者は厚生年金保険料の徴収の対象とはなりませんが、在職老齢年金による年金額調整の対象となりますので、事業主は70歳以上の人の雇用、退職および報酬の額に関する届出が必要です。

■対象者（次の要件すべてに該当する人）

- 70歳以上の人
- 厚生年金保険の適用事業所に在職し、勤務日数および勤務時間がそれぞれ一般の従業員の4分の3以上の人および特定適用事業所に勤務する短時間労働者
- 過去に厚生年金保険の被保険者期間がある人

■対象となる人に関する届出

　新たに雇用したときは「被保険者資格取得届／厚生年金保険70歳以上被用者該当届」を提出します。70歳に到達した人を引き続き雇用するとき、届出は原則不要です。ただし、標準報酬月額（相当額）に変更がある場合は「厚生年金保険被保険者資格喪失届／70歳以上被用者該当届」を提出します。退職したときは「被保険者資格喪失届／70歳以上被用者不該当届」を提出します。

　なお、70歳になっても老齢基礎年金の受給資格期間を満たしていない人は、厚生年金に任意に加入できます（高齢任意加入被保険者）（⇨P.41）。

被保険者への通知

　「被保険者資格取得届」を提出すると、年金事務所から資格取得確認および標準報酬決定通知書が事業所に送付されます。この通知書に記載されている資格取得の年月日と標準報酬月額は、給付と保険料に直接むすびつきますから、事業主は被保険者1人1人にその内容を知らせなければなりません。また、健康保険の被保険者証は、協会けんぽから送付されます。これらの取扱いや必要な届出など（⇨P.36）を説明して渡すことになっています。

　公的年金にはじめて加入した被保険者には、これまでの年金手帳に代わり、基礎年金番号通知書が被保険者宛に送付されます。

被扶養者（後期高齢者医療制度の被保険者を除く）

　採用した従業員に、日本国内に住所のある妻や子などの扶養家族がいる場合、主に被保険者の収入により生計を維持している人で健康保険の被扶養者と認められれば、家族給付が受けられます。被保険者となる人はあらかじめ被扶養者に該当する扶養家族がいることを届け出なければなりません。

被扶養者の範囲

　①被保険者と同居（同一世帯）が条件とならない人

　配偶者（内縁関係を含む）、子、兄弟姉妹、孫、被保険者の父母、祖父母などの直系尊属。

　②被保険者と同居（同一世帯）が条件となる人

　(1)被保険者の伯叔父母、甥、姪などとその配偶者、被保険者の孫・兄弟姉妹の配偶者、被保険者の配偶者の父母や連れ子など、①以外の三親等内の親族。

　(2)被保険者と内縁関係にある配偶者の父母および子（その配偶者の死亡後、引き続き同居している場合を含む）。

三親等内の親族表

生計維持関係

　被扶養者として認定されるには、日本国内に住所があり、主として被保険者の収入によって生計を維持されることが必要です。これは、おおまかには扶養家族の生活費の半分以上を被保険者の収入によってまかなっている状態をいいますが、この認定は、次のような生計維持認定基準にあてはまることが必要です。

　①被保険者と同居（同一世帯）の場合

　扶養家族の年収が130万円未満で、かつ被保険者の年収の半分未満であれば被扶養者になります。また、扶養家族の年収が被保険者の半分以上であっても、その額が130万円未満で被保険者の収入によって生計を維持していれば、総合的に判断して被扶養者となります。

　②被保険者と同居（同一世帯）でない場合

　扶養家族の年収が130万円未満で、かつ被保険者からの仕送り額（援助額）より少ない場合に、原則として被扶養者となりますが、被保険者の援助がなければ生活が成り立たない場合は、総合的に判断して認定します。

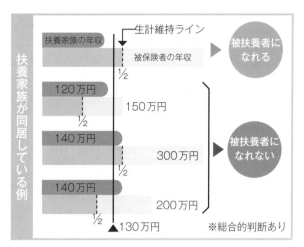

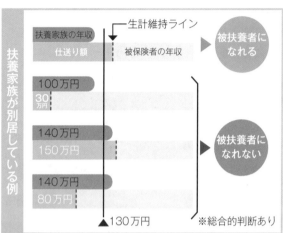

■60歳以上または障害者は年収180万円未満

扶養家族が60歳以上または障害者（障害厚生年金を受けられる程度の障害者）の場合、「130万円未満」は「180万円未満」となります。

> ※扶養家族の年収には、その扶養家族自身の給与収入、事業収入、地代・家賃などの財産収入、老齢・障害・遺族年金給付などの公的年金、雇用保険の失業給付なども含まれます。なお、給与所得者の場合は総収入金額、自営業者の場合は最低限の必要経費を引いた残りの収入額が年収となります。
>
> ※夫婦がそれぞれ健康保険の被保険者で、子や父母など扶養家族がいる場合、その扶養家族は、一般的に収入の多い被保険者の被扶養者になります。

被扶養者の国内居住要件

令和2年4月1日から、「健康保険の被保険者に扶養されている者（被扶養者）」の認定要件に新たに国内居住要件が追加されました。住所については住民基本台帳に住民登録されているかどうか（住民票があるかどうか）で判断し、住民票が日本国内にある人は原則、国内居住要件を満たすものとされます。

日本国内に住所がなくても、外国において留学をする学生や、外国に赴任する被保険者に同行する人などについては、日本国内に生活の基礎があると認められるとして国内居住要件の例外として取り扱われます。

被扶養者の届出

被保険者の資格を取得したときに扶養家族がいる場合は、事業主に申出をします。事業主は「被扶養者（異動）届」を「被保険者資格取得届」と一緒に保険者に提出します。また、結婚したり、子どもが生まれた場合や、被扶養者が死亡した場合など、被扶養者に異動があったときなどは、そのつど5日以内に「被扶養者（異動）届」を保険者に届け出しなくてはいけません。

> ※被扶養者でなくなった場合は、該当する被扶養者の被保険者証を添えて提出します（⇨P.36）。

後期高齢者医療制度に該当する人

75歳になる人、または、65歳から74歳の人で一定の障害状態にあると認定された人は、原則として後期高齢者医療制度に加入することになります。

①75歳になる人

被扶養者が75歳に到達する前月には、年金事務所から氏名、生年月日等の被扶養者の情報を記載した「被扶養者（異動）届」（ターンアラウンド方式）が送付されますので、必要事項を確認のうえ、提出します。健康保険組合における届出については、加入している健康保険組合に確認します。

②65歳から74歳の人で一定以上の障害の状態にある人

65歳から74歳の人で一定以上の障害の状態にあると後期高齢者医療広域連合（以下、「広域連合」）で認定を受け、後期高齢者医療制度の被保険者となる場合は、障害が認定された日が被扶養者の資格喪失日となります。すみやかに「被扶養者（異動）届」を提出します。なお、その後一定の障害に該当しなくなったり、障害認定の申請について撤回の申出をした場合は、後期高齢者医療制度の被保険者ではなくなります。被保険者との生計維持関係が認められた場合は、「被扶養者（異動）届」を提出し、再度健康保険の被扶養者となることができます。

国民年金の被保険者

日本国内に住む20歳以上60歳未満の自営業者や学生、無職の人等は国民年金の第1号被保険者となります。20歳になったら14日以内に住民票がある市区町村に「国民年金被保険者資格取得届書」を提出し、保険料を納めます。令和5年度の保険料は月額16,520円です。保険料は全国の銀行、農協、漁協、信用組合、信用金庫および郵便局で納めることができるほか、コンビニエンスストアやスマートフォンアプリ、インターネットなどを利用して納めることができます。

被保険者の種類

- 第1号被保険者…日本国内に住んでいる学生、自営業者等で20歳以上60歳未満の人。

- 第2号被保険者…厚生年金保険の被保険者（公的年金の老齢・退職給付を受給できる65歳以上の人を除く）。
- 第3号被保険者…第2号被保険者の配偶者で主として第2号被保険者の収入により生計を維持する日本国内に住む20歳以上60歳未満の人。

厚生年金保険の被保険者は同時に国民年金の第2号被保険者となり、その被扶養配偶者で20歳以上60歳未満の人は国民年金の第3号被保険者になります。

第1号被保険者の資格取得

事業所を退職したら、お住まいの市区町村で国民年金加入の手続きが必要になります。また、退職時に第3号被保険者であった配偶者がいる場合、同時に加入手続きが必要です。国民年金には保険料免除制度もありますので、詳しくは年金事務所または市区町村に問い合わせしてください。

第2号被保険者の資格取得

第2号被保険者の資格取得の手続きは事業主が行いますので、本人が特に手続きをする必要はありません。

第3号被保険者となる人

厚生年金保険など被用者年金制度の加入者（第2号被保険者）に扶養されている配偶者で、日本国内に住む20歳以上60歳未満の人は第3号被保険者となります。その認定基準は、健康保険の被扶養配偶者に準じます。

第3号被保険者の届出

第3号被保険者に関する各種届書は、「健康保険被扶養者（異動）届／国民年金第3号被保険者関係届」を、配偶者である第2号被保険者が使用される事業所の事業主や健康保険組合・共済組合等を経由して年金事務所へ届出します。

加入種別	加入届出先	届出に必要なもの
第1号被保険者	市区町村国民年金担当窓口	・印鑑（被保険者本人が署名の場合は不要） ・年金手帳、退職証明書（第2号被保険者だった人のみ）
第2号被保険者	勤務先がすべての手続きを行います。	
第3号被保険者	配偶者（第2号被保険者）の勤務先がすべての手続きを行います。	

保険料免除制度

経済的な理由で国民年金保険料を納めることが困難な場合には、申請により承認されると保険料が免除されます。申請による保険料の免除には、全額免除、4分の3免除、半額免除、4分の1免除があります。

免除を受けた期間は老齢基礎年金の受給資格期間には含まれますが、老齢基礎年金の年金額を算出する際にはそれぞれの免除率に応じ減額された額となります。免除を受けた期間については10年以内に追納すると満額の支給額に近づけることができます。

※追納する保険料の額は、免除された当時の保険料額に、経過期間に応じて決められた額が加算されます（過去2年間の追納に関しての加算はありません）。

■退職（失業）による特例免除について（免除の特例的扱い）

退職（失業）の事由が発生した前月から、事由が発生した年の翌々年の6月までの期間について、申請により保険料の納付が免除されることがあります。

通常であれば審査の対象となる本人の所得を除外して審査を行います（配偶者や世帯主に一定額以上の所得があるときは保険料免除が認められない場合があります）。

※この特例免除は配偶者や世帯主が退職した場合にも対象となります。

■学生納付特例制度

本人の所得が一定額以下（家族の所得の多寡は問わない）の学生が申請し、承認されると保険料の納付が猶予され、卒業後に後払いすることができます。追納できるのは10年以内です。

■50歳未満の保険料納付猶予制度

50歳未満（平成28年6月までは30歳未満）の本人および配偶者の所得が一定額以下の場合には、同居の親等の収入に関係なく保険料の納付が猶予されます。なお、この制度は平成17年4月から令和12年6月までの時限措置です。

■産前産後期間中の保険料免除

第1号被保険者は、出産日または出産予定日の前月から4カ月間（多胎妊娠の場合は6カ月間）の保険料が免除されます。

	老齢基礎年金		障害基礎年金遺族基礎年金（受給資格期間への算入）
	受給資格期間への算入	年金額への反映	
納　　　付	○	○	○
全　額　免　除	○	○	○
一　部　納　付	○	○	○
産前産後期間中の免除	○	○	○
納付猶予学生納付特例	○	×	○
未　　　納	×	×	×

基礎年金番号

公的年金制度では、被保険者の記録を基礎年金番号によって管理しています。この基礎年金番号は被保険者の勤め先や加入制度が変わっても、一生変わらずに同じ番号を使用します。

従来、基礎年金番号の通知は年金手帳により行われていましたが、令和4年4月より、基礎年金番号通知書での通知に切り替わりました。すでに年金手帳を持っている人には「基礎年金番号通知書」は発行されませんので、引き続き年金手帳を保管しておきます。

健康保険の被保険者証

被保険者証はいわば健康保険の資格証明書にあたるものです。健康保険で保険医療機関にかかるときは必ず窓口に提出することになっています。協会けんぽの場合、加入者ごと（被扶養者を含む）1人1枚のカードとなっており、個人別に交付されています。

令和3年10月から、マイナポータルで被保険者証の利用登録をすれば、マイナンバーカードが医療機関・薬局で被保険者証として利用できるようになっています。ただし、対応していない医療機関や薬局では、従来どおり被保険者証が必要です。

70歳から74歳までの人（被扶養者を含む）には「高齢受給者証」が交付されます。この高齢受給者証には病院で受診する際の窓口負担の割合が示されていますので、被保険者証と一緒に提示する必要があります。また、退職するときや75歳になったときは返納します。

被保険者証に関する届出

こんなとき	届書	添付するもの
被保険者証を紛失・き損したとき	被保険者証再交付申請書	き損した被保険者証
被扶養者に該当しなくなったとき	被扶養者（異動）届	該当しなくなった被扶養者の被保険者証
被保険者・被扶養者の氏名が変わったとき	被保険者証氏名変更（訂正）届*	被保険者と被扶養者全員の被保険者証
被保険者の資格を失ったとき	被保険者資格喪失届	被保険者と被扶養者全員の被保険者証

※ 「*」については、マイナンバーと基礎年金番号が結びついている被保険者であれば原則届出は不要です。

※ 「被保険者証を紛失・き損したとき」は健康保険の保険者に、それ以外は日本年金機構（年金事務所または事務センター）に提出します。

65歳から74歳までの被保険者等の届出

こんなとき	必要な手続き	
被保険者が75歳になったとき	75歳の誕生日を喪失日とした「被保険者資格喪失届」に被保険者証と高齢受給者証を添えて提出。	後期高齢者医療制度の加入者となり、制度を運営する都道府県単位の広域連合から「後期高齢者医療被保険者証」が交付される。
被保険者が65歳から74歳の人で、広域連合に一定の障害認定を受けたとき	障害の認定日を喪失日とした「被保険者資格喪失届」に被保険者証と高齢受給者証（70歳以上の場合）を添えて提出。	
被扶養者が75歳になったとき	75歳の誕生日を削除日とした「被扶養者（異動）届」に被保険者証と高齢受給者証を添えて提出。	後期高齢者医療制度の加入者となり、制度を運営する都道府県単位の広域連合から「後期高齢者医療被保険者証」が交付される。
被扶養者が65歳から74歳の人で、広域連合に一定の障害認定を受けたとき	障害の認定日を削除日とした「被扶養者（異動）届」に被保険者証と高齢受給者証（70歳以上の場合）を添えて提出。	
被保険者が75歳になったときに、74歳以下の被扶養者がいる場合	お住まいの市区町村に被扶養者の国民健康保険の加入を申請。手続きには「喪失証明書」が必要となるため、年金事務所へ申請（事前に申請することも可能）。	被保険者のみが後期高齢者医療制度の加入者となり、制度を運営する都道府県単位の広域連合から「後期高齢者医療被保険者証」が交付される。被扶養者については、国民健康保険等に加入することになる。
65歳から74歳で一定の障害認定を受けていた被保険者が障害の認定を撤回したとき	障害認定の撤回日を取得日とした「被保険者資格取得届」を提出。被扶養者がいる場合には「被扶養者（異動）届」を添付。	広域連合に障害認定の撤回を申出ることにより、後期高齢者医療制度の加入者でなくなり健康保険の被保険者となる。
65歳から74歳で一定の障害認定を受けていた被扶養者が障害の認定を撤回したとき	障害認定の撤回日を認定日とした「被扶養者（異動）届」を提出する。	広域連合に障害認定の撤回を申出ることにより、後期高齢者医療制度の加入者でなくなり健康保険の被扶養者となる。

介護保険

介護保険は40歳以上の人が被保険者となって保険料を納め、介護が必要となったときには、費用の一部を負担することで介護保険サービスを利用できる制度です。市区町村が運営しています。介護保険サービスに関しては、市区町村または地域包括支援センターに相談します。

制度の運営主体（保険者）は、市町村・特別区です

　介護が必要になったときは、市町村に申請をします。国、都道府県等は、財政面および事務面から市町村を支援します。

　介護保険料関係以外のお問い合わせ先は、各市町村になります。

介護保険料の徴収対象となる人

　65歳以上の人は介護保険第1号被保険者、40歳以上65歳未満の人は第2号被保険者です。協会けんぽに加入する介護保険第2号被保険者の人の保険料については、健康保険料とあわせて徴収します。保険料は40歳の誕生日の前日が属する月から徴収されます。例えば、8月1日の誕生日の被保険者は7月分の介護保険料から徴収されます。

　介護保険料は「65歳に達したとき」から徴収しません。ただし、65歳からは第1号被保険者となり、市区町村より保険料が徴収されます。

　なお、協会けんぽに加入している第2号被保険者の被扶養者となる人は、個別で保険料を負担する必要はありません（健康保険組合によっては被扶養者に対する介護保険料を徴収する場合があります。⇨P.26）。

年齢に関する届出

　40歳となり介護保険第2号被保険者に該当する場合や、65歳となり介護保険第2号被保険者に該当しなくなる場合の事務処理は自動的に行われますので、届出は不要です（健康保険資格取得届等の生年月日は正確に記載してください）。

介護保険第2号被保険者とならない人（適用除外者）

　40歳以上65歳未満でも、①〜③に該当する人（以下「適用除外者」といいます）については、介護保険の被保険者とはなりません。
　①国内に住所を有しない人（海外居住者）
　②在留資格3カ月以下の外国人
　③身体障害者療護施設等の適用除外施設の入所者
【届出方法】
　「介護保険適用除外等該当届」に下記の書類を添付のうえ、事業主が年金事務所へ提出することとなります。健康保険法第3条第2項被保険者は、直接年金事務所等へ提出します。また、任意継続被保険者は、直接協会けんぽへ提出します。
　①国内に住所を有しない人（海外居住者）……住民票の除票
　②在留資格3カ月以下の外国人……在留期間を証明する書類（パスポート裏面に押される「上陸許可認印〔写〕」、「資格外活動許可書〔写〕」など）および雇用契約期間を証明できる「雇用契約書」など
　③身体障害者療護施設等の適用除外施設の入所者……入所または入院証明書（入所・入院の事実を確認するため）

適用除外者が、介護保険第2号被保険者に該当したときの届出

　適用除外者が適用除外の理由に該当しなくなった場合は、「介護保険適用除外等非該当届」に必要事項を記載のうえ事業主に提出し、事業主が年金事務所へ提出することになります。健康保険法第3条第2項被保険者は、直接年金事務所等へ提出します。また、任意継続被保険者は、直接協会けんぽへ提出します。

　なお、この場合についての添付書類は必要ありません。

6 従業員が退職したとき

被保険者が退職したとき、または死亡したときは、被保険者資格を失います。事業主は、健康保険被保険者証を回収し、資格喪失日から5日以内に被保険者資格喪失届を提出しなければなりません。

被保険者資格の喪失

被保険者の資格喪失日は、状況に応じて当日または翌日となります。

翌日が資格喪失日となる場合
①適用事業所を退職したとき
②死亡したとき
③事業所が廃止（倒産など）したとき
④任意適用事業所が任意脱退を認可されたとき
⑤適用除外（正社員から臨時雇用になったときなど）になったとき

当日が資格喪失日となる場合
⑥厚生年金保険については70歳に達したとき（70歳の誕生日の前日）
⑦後期高齢者医療制度の被保険者等となった日（75歳の誕生日）

70歳で厚生年金保険の資格を喪失する人

適用事業所に在職中で、70歳に到達し、引き続き雇用する場合で標準報酬月額に変更がある場合は、「厚生年金保険被保険者資格喪失届／70歳以上被用者該当届」を提出します。対象者が退職することになったときは、「被保険者資格喪失届／70歳以上被用者不該当届」の提出が必要です（⇨P.33）。

後期高齢者医療制度の被保険者となる人

■75歳に到達することにより、後期高齢者医療制度の被保険者となる場合

75歳に到達すると見込まれる被保険者の氏名、生年月日等をあらかじめ記載した「健康保険被保険者資格喪失届」（ターンアラウンド方式）が年金事務所、または健康保険組合から事業主あてに送られてきますので、内容を確認し、必要事項を記入のうえ、年金事務所等へ提出します（資格喪失日は75歳の誕生日当日となります）。

■一定の障害の状態であるとして広域連合の認定を受け、後期高齢者医療制度の被保険者となる場合

障害認定日を資格喪失日とした「健康保険被保険者喪失届」を提出します。なお、その後、一定の障害に該当しなくなったり、障害認定の申請を撤回する申出をしたりした場合

は後期高齢者医療制度の被保険者でなくなります。そのとき事業所との常用的使用関係が認められている限り、改めて「健康保険被保険者資格取得届」を提出し、健康保険の被保険者となります。

また、後期高齢者医療制度の被保険者となる人に扶養されている被扶養者についても健康保険の資格を喪失することになるので、75歳未満の被扶養者は国民健康保険に加入することになります。

退職者の保険料の控除

①月末退職の場合

被保険者が月末に退職したときは、翌月の1日が資格喪失日となり、退職した月までの保険料を納めます。したがって、退職月と前月分の2カ月分の被保険者負担分の保険料を、退職月の給料から控除します。

	退職 10/31	資格喪失日 11/1
9月	**10月**	**11月**
8月分の保険料を控除	9・10月分の保険料を控除	

②月末以外の退職の場合

月末以外の退職の場合は、被保険者が資格を失った月の保険料の負担は必要ありませんので、前月分までの保険料を納めます。したがって、前月分の保険料を退職月の給料から控除します。

	退職 10/15	資格喪失日 10/16
9月	**10月**	**11月**
8月分の保険料を控除	9月分の保険料を控除	

③賞与等を支払った場合

被保険者資格を喪失した月に賞与を支払った場合は、標準報酬月額に対する保険料と同様、この月の保険料負担を必要としません。

賞与支給 10/5	退職 10/25	資格喪失日 10/26
10月		**11月**
10月分の賞与からは保険料を控除しない		

被保険者資格喪失届

被保険者資格を喪失したときは、事業主は資格喪失日から5日以内に「被保険者資格喪失届」を保険者に提出します。提出先は、健康保険の分は年金事務所または健康保険組合、厚生年金保険の分は年金事務所および厚生（企業）年金基金です。

届書には、返納する健康保険の被保険者証（被保険者用・被扶養者用とも）を添付しますが、添付できないときは「被保険者証回収不能届」を一緒に提出します（高齢受給者証をもつ場合にはあわせて返納します）。

ただし、70歳に達したことにより厚生年金保険の被保険者資格を喪失する場合は、健康保険の資格は在職中継続していますので、被保険者証を添える必要はありません。

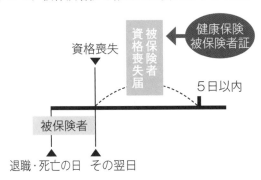

退職後再雇用した人の取扱い

退職した人が、同一の事業所で、1日の空白もなく引き続き再雇用された場合、退職金の支払いの有無、身分関係や職務内容の変更の有無にかかわらず、事実上の使用関係は中断することなく続いているため、被保険者資格もそのまま継続され、被保険者資格喪失届の提出の必要はありません。

ただし、60歳以上の被保険者で、退職後継続して新たに雇用契約した人に対しては、使用関係が一旦中断されたものとみなし、「被保険者資格喪失届」および「被保険者資格取得届」を提出することができます。これは、再雇用後の標準報酬月額を直ちに改定するために設けられた措置です。

※60歳以上の人の多くが退職後継続して再雇用されていることや、平成25年4月から60歳台前半の老齢厚生年金の支給開始年齢が段階的に引き上げられたことから、60歳以降に退職後継続して再雇用された場合は、同様の取り扱いができるようになりました。

●例　標準報酬月額62万円の人が、退職後嘱託として標準報酬月額26万円で再雇用された場合

被保険者資格喪失届と被保険者資格取得届を同時に提出することで、標準報酬月額が62万円から26万円に即時改定され、この金額に基づき年金の支給停止額が計算されます。この措置がないと通常の随時改定となり、再雇用後4カ月後でないと標準報酬が改定されず、年金の支給停止額が多くなります。

資格喪失 ▼

正社員	嘱託再雇用	
標準報酬月額62万円		標準報酬月額26万円

▲ 資格取得

在職老齢年金

例　資格喪失届の書き方

本人確認を行ったうえで、個人番号を記入してください。基礎年金番号を記入する場合は、年金手帳等に記載されている10桁の番号を左詰めで記入してください。

資格喪失年月日を記入してください（例：令和5年5月31日退職の場合は翌日の6月1日となります）。

① 被保険者整理番号	6	② 氏名	（フリガナ）ケンコウ（氏）健康	タロウ（名）太郎	③ 生年月日	5.昭和 7.平成 9.令和　6 30 06 15

被保険者1

④ 個人番号（基礎年金番号）　1 2 3 4 5 6 7 8 9 0 1 2
⑤ 喪失年月日　9.令和　05 06 01
⑥ 喪失（不該当）原因
- 4.退職等（令和　5年5月31日退職等）
- 5.死亡（令和　年　月　日死亡）
- 7.75歳到達（健康保険のみ喪失）
- 9.障害認定（健康保険のみ喪失）
- 11.社会保障協定

⑦ 備考　該当する項目を○で囲んでください。
1. 二以上事業所勤務者の喪失　　3. その他
2. 退職後の継続再雇用者の喪失

保険証回収　添付　1枚／返不能　　枚

⑧ 70歳不該当
□ 70歳以上被用者不該当（退職日または死亡日を記入してください）
不該当年月日　9.令和　年　月　日

被保険者証の枚数を記入してください。
添付……被保険者証を添付するとき
返不能……被保険者証の回収ができず、添付できないとき。返不能のときは「健康保険被保険者証回収不能届」の添付が必要となります。

次のいずれかを○で囲んでください。
4.退職等……退職しとき、又は雇用形態が変わり適用除外となったとき
5.死亡……死亡したとき
7.75歳到達……75歳に到達し健康保険の被保険者資格を喪失するとき（75歳以上は、後期高齢者医療の被保険者となります）
9.障害認定……一定の障害に該当し広域連合の認定を受け、後期高齢者医療の被保険者となるため、健康保険の被保険者資格を喪失するとき

人事異動があったとき

人事異動が同じ事業所内で行われる場合は、被保険者資格に関する手続きは必要ありませんが、本社・支社間の転勤、関連会社への出向などの場合は手続きが必要となります。

事業所間での転勤

健康保険・厚生年金の適用は事業所ごとに行われるのが原則です。したがって、同一事業主の下でも、A支社からB支社へ転勤したときは、A支社では「被保険者資格喪失届」を、B支社では「被保険者資格取得届」を提出する必要があります。通常の退職の場合は退職日の翌日が資格喪失日となりますが、転勤の場合は転勤したその日が資格喪失日となります。本社、支社などすべての事業所が一括適用の承認を受けている場合は、資格取得届・喪失届とも届け出る必要はありません。

関連会社への転籍出向

関連会社への転籍出向は、今までの事業所で使用関係がなくなり、出向先で新たに使用関係が始まります。したがって、出向元の事業所では「被保険者資格喪失届」を提出し、新たに出向先の事業所において「被保険者資格取得届」を提出します。なお、今までの事業所に使用関係など残したまま出向する場合は、2以上の事業所に勤務することになりますので、いずれかの事業所を管轄する保険者を選び、「所属選択・二以上事業所勤務届」を提出します。

海外勤務

海外支社に転勤した場合や海外の現地法人に転勤出向した場合は、日本国内での使用関係がどうなっているかによって取扱いが異なります。国内の事業所での使用関係が続くときには、被保険者資格に関する手続きは必要ありません。使用関係がなくなるときは「被保険者資格喪失届」を提出します。

■社会保障協定

海外に派遣される人の場合、日本と派遣先の国の両方の年金制度に加入することになってしまいます。この問題を解決するため、年金制度等の二重加入を防止したり、外国の年金制度の加入期間を日本の年金制度の受給資格期間に通算したりする協定を2国間で結んでいます。

2022年6月時点の社会保障協定の発効状況は表のとおりです。日本は23カ国と協定を署名済で、うち22カ国は発効済です。ただし、英国、韓国、イタリア（未発効）、中国との協定については「保険料の二重負担防止」のみとなります。

協定を結んでいる国		
ドイツ	オランダ	ルクセンブルク
英国	チェコ	フィリピン
韓国	スペイン	スロバキア
アメリカ	アイルランド	中国
ベルギー	ブラジル	フィンランド
フランス	スイス	スウェーデン
カナダ	ハンガリー	
オーストラリア	インド	

社会保障協定について詳しくは、日本年金機構ホームページの「社会保障協定」をご覧ください。

資格喪失後の社会保険

健康保険・厚生年金保険の被保険者資格を失った後は、原則として、医療保険は国民健康保険に加入し、年金制度は国民年金の第1号被保険者となりますが、健康保険・厚生年金保険に個人で加入する方法もあります。

退職後の医療保険

①健康保険の任意継続被保険者

資格喪失前に継続して被保険者期間が2カ月以上あった場合は、引き続き2年間、個人で健康保険の被保険者になることができます。

●必要な手続

「任意継続被保険者資格取得申出書」を、退職日の翌日から20日以内（20日目が営業日でない場合は翌営業日まで）に加入していた健康保険の保険者（住所地の協会けんぽ各都道府県支部、または健康保険組合）に提出します。

●保険料

全額が自己負担になります。なお、保険料の算定の基礎となる標準報酬月額は原則として退職時と同じです。ただし上限が定められており、協会けんぽの場合、30万円となっています。

②健康保険の被扶養者

退職後の年収が130万円（60歳以上または障害者は180万円）未満で、配偶者や三親等内の親族が健康保険の被保険者で、その人の収入により生計を維持されているときは健康保険の被扶養者になることができます（⇨P.33）。

③国民健康保険の被保険者

前記①、②に該当しない人は、国民健康保険の被保険者になります。

75歳以上の人、または65歳〜74歳で一定の障害の状態にあると認定された人は、後期高齢者医療制度の被保険者となります。

●必要な手続き

「国民健康保険被保険者資格取得届」を、資格喪失後14日

以内に住所地の市（区）町村役場に提出します。

●保険料（税）

市（区）町村ごとに決められます。

資格喪失後の年金加入

①国民年金の第1号被保険者

厚生年金保険の被保険者資格を喪失すると、同時に国民年金の第2号被保険者でなくなります。また、その被扶養配偶者も国民年金の第3号被保険者でなくなります。

資格を喪失した場合、20歳以上60歳未満で日本に住んでいれば国民年金の第1号被保険者になりますので、速やかに手続きが必要です。なお、退職後に再び厚生年金保険の被保険者資格を取得し、国民年金の第2号被保険者となったときその被扶養配偶者は第3号被保険者になります（⇨P.35）。

●必要な手続き

「国民年金被保険者資格取得届（申出）書・種別変更（第1号被保険者該当）届書」を、資格喪失後14日以内に住所地の市（区）町村役場に提出します。

●保険料

令和5年度は月額16,520円です。

②厚生年金保険の高齢任意加入被保険者

適用事業所に使用される人で、70歳になっても老齢基礎年金の受給資格期間を満たしていない人は、受給資格期間を満たすまで厚生年金保険に任意加入できることになっています。

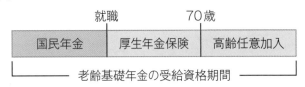

就職		70歳	
国民年金	厚生年金保険	高齢任意加入

├── 老齢基礎年金の受給資格期間 ──┤

●必要な手続き

「高齢任意加入被保険者資格取得申出・申請書」を、勤務先の事業所を管轄する年金事務所に提出します。

●保険料

原則として、本人が自分の責任で全額負担することになっていますが、事業主が同意すれば事業主が保険料の半額を負担し、一般の被保険者と同様に本人の半額負担分を給料から控除して納めることもできます。この場合には、「資格取得申出・申請書」を提出する際に、事業主が同意したことを証明する書類を添えます。

7 年金の給付

我が国の年金制度は、国民年金からすべての国民に共通する基礎年金が支給され、厚生年金保険からは基礎年金に上乗せする報酬比例の年金が支給される、いわば2階建の年金給付のしくみになっています。

令和5年度は、新規裁定者と既裁定者（昭和31年4月1日以前に生まれた人）の年金額が異なっています。

国民年金

老齢給付

老齢基礎年金

【受けられる条件】

平成29年7月までは老齢基礎年金の受給資格期間（注1参照）が25年（生年月日等に応じて15年〜24年に短縮）以上ある人、平成29年8月からは受給資格期間が10年以上ある人が、65歳に達したときから支給。

※付加保険料納付済期間がある場合には、付加年金が老齢基礎年金と同時に支給される。

【受けられる額（年額）】　新規裁定者：795,000円
　　　　　　　　　　　　　既裁定者：792,600円

ただし、保険料を納めた期間が加入可能年数（注2参照）に満たない場合は、次の式で計算した額。

$$795,000円 \times \frac{保険料納付済月数 + 保険料免除月数 \times (7/8 \sim 1/2) *}{加入可能年数 \times 12}$$

＊平成21年3月以前の免除期間は（5/6〜1/3）をかける。
※厚生年金の配偶者加給年金額の対象者だった人で、昭和41年4月1日以前生まれの人が受ける老齢基礎年金には、生年月日に応じて、228,100円〜15,323円の振替加算（注3参照）が行われる。

【付加年金】200円×付加保険料納付済月数

障害給付

障害基礎年金

【受けられる条件】

次の①〜③の人が障害認定日に1級または2級に該当する障害の状態になったときに支給される。

① 初診日に国民年金の被保険者であること。
② 初診日の属する月の前々月までに国民年金の保険料納付済期間・保険料免除期間が加入期間の3分の2以上ある被保険者（初診日が令和8年3月までの場合は、初診日において65歳未満に限り初診日の属する月の前々月までの直近1年間に保険料滞納がなければよい）。

③ 初診日に60歳以上65歳未満で日本国内に住んでいる被保険者だった人で、直近の被保険者であった日以前において②の納付要件を満たしていること。

※20歳前に初診日がある病気・けがによって1級または2級に該当する障害の状態になった場合には、障害基礎年金を支給。

【受けられる額（年額）】

1級 = （新規裁定者993,750円、既裁定者990,750円）＋子の加算額

2級 = （新規裁定者795,000円、既裁定者792,600円）＋子の加算額

【子の加算額】　第1子・第2子　各228,700円
　　　　　　　　第3子以降　　　各 76,200円

遺族給付

遺族基礎年金

【受けられる条件】

次の①〜③に該当する人が死亡したとき、子のある配偶者または子に支給される。

① 死亡日の属する月の前々月までに国民年金の保険料納付済期間・保険料免除期間が加入期間の3分の2以上ある被保険者（死亡日が令和8年3月までの場合は、死亡した人が65歳未満であれば死亡日の属する月の前々月までの直近1年間に保険料滞納がなければよい）。
② 60歳以上65歳未満で日本国内に住んでいる被保険者だった人で、直近の被保険者であった日以前において①の納付要件を満たしていること。
③ 平成29年7月までに老齢基礎年金の受給権者であった人が死亡したとき。
④ 保険料納付済期間、保険料免除期間および合算対象期間を合算した期間が25年以上ある人が死亡したとき。

※子とは、18歳の誕生日後の3月31日までの子または、1級または2級に該当する障害の状態にある20歳未満の子をいう。

【受けられる額（年額）】

子のある配偶者が受ける場合は、配偶者の分795,000円（既裁定者は792,600円）に、第1子・第2子各228,700円、第3子以降各76,200円を加算した額。

子が受ける場合は、795,000円（既裁定者は792,600円）に、第2子228,700円、第3子以降各76,200円を加算した額。

厚生年金保険

老齢給付

特別支給の老齢厚生年金 (65歳になるまで支給)

【受けられる条件】

厚生年金保険の被保険者期間が1年以上あり、老齢基礎年金の受給資格期間を満たした人に、60歳から65歳になるまでの間に限って支給。

※年金額は、〈定額部分〉＋〈報酬比例部分〉で計算されるが、段階的に〈報酬比例部分〉のみの年金となり、さらに平成25年4月から〈報酬比例部分〉の支給開始年齢も段階的に65歳に引き上げることとなったため、最終的に支給はなくなる(注4参照)。
※在職中に受ける場合は、注5参照。

【受けられる額 (年額)】

(1)定額部分 ＋	(2)報酬比例部分 ＋	(3)加給年金額
①平15.3以前の期間分＋ ②平15.4以後の期間分		●配偶者＝228,700円※ ●第1子・第2子 ＝各228,700円 ●第3子以降 ＝各76,200円

※受給権者が昭和9年4月2日以後生まれの場合は特別加算が行われるので、配偶者加給年金額はP.46⑩の額になる。

(1)定額部分の計算式

1,657円※ × (1.875 ～ 1.000) × 被保険者期間月数

※既裁定者の場合は1,652円。

(2)報酬比例部分の計算式 (①＋②)

■1本来水準の年金額と、**■2従前額保障の年金額**を計算して金額の多い方を年金額とします。

■1本来水準の年金額

$$① = 平均標準報酬月額 \text{(令和5再評価率)} × \frac{7.125 ～ 9.5}{1000} × 被保険者期間月数 \text{(平成15.3以前の期間分)}$$

$$② = 平均標準報酬額 \text{(令和5再評価率)} × \frac{5.481 ～ 7.308}{1000} × 被保険者期間月数 \text{(平成15.4以後の期間分)}$$

※上記により計算された年金額が従前の年金額の保障による計算式で算出された年金額より少ない場合は従前の年金額の保障による計算式で算出した額が支給される。
※定額部分、報酬比例部分の乗率についてはP.46⑥⑦の経過措置が設けられている。

■2従前額保障の年金額

(従前の年金額の保障による報酬比例部分の計算式)

$$① = 平均標準報酬月額 \text{(平成6再評価率)} × \frac{7.5 ～ 10}{1000} × 被保険者期間月数 \text{(平成15.3以前の期間分)} × 改定率$$

$$② = 平均標準報酬額 \text{(平成6再評価率)} × \frac{5.769 ～ 7.692}{1000} × 被保険者期間月数 \text{(平成15.4以後の期間分)} × 改定率$$

※令和5年度の改定率は新規裁定者が1.014、既裁定者が1.014。
(昭和13年4月以前生まれは1.016)

■3加給年金額

厚生年金保険の被保険者期間が20年以上ある人が65歳到達時または定額部分支給開始時に、生計を維持している配偶者または子がいるときに加算。

老齢厚生年金 (65歳から支給)

【受けられる条件】

厚生年金保険の被保険者期間が1カ月以上ある人が、老齢基礎年金の受給権を取得したときに、老齢基礎年金に上乗せして支給。

※在職中(被保険者)の場合は、年金額と総報酬月額相当額に応じ、老齢厚生年金の一部または全部が支給停止になる(注5参照)。

【受けられる額 (年額)】

報酬比例の年金額＋加給年金額

※当分の間、さらに経過的加算(定額部分と厚生年金加入によって計算された老齢基礎年金との差額の加算)が行われる。
※報酬比例の年金額の計算方法は特別支給の老齢厚生年金の報酬比例部分と同じ。
※加給年金額は特別支給の老齢厚生年金の場合と同額。

障害給付

障害厚生年金・障害手当金

【受けられる条件】

初診日に厚生年金保険の被保険者である人が、その病気・けがが原因で障害基礎年金を受けられる障害(1級・2級)になったとき、障害基礎年金に上乗せして支給。

1級または2級に該当しない障害には、厚生年金保険独自の障害厚生年金(3級。この場合には障害基礎年金は支給されない)・障害手当金を支給。

※ただし、65歳～70歳で厚生年金の被保険者である期間に初診日がある場合、65歳以上の期間は、国民年金の被保険者とみなされないことになる。この場合、1・2級に該当しても障害基礎年金は支給されない。

【受けられる額 (年額)】

1級＝報酬比例の年金額×1.25＋配偶者加給年金額(228,700円)

2級＝報酬比例の年金額＋配偶者加給年金額(228,700円)

3級＝報酬比例の年金額 (最低：新規裁定者596,300円、既裁定者594,500円)

障害手当金＝報酬比例の年金額×2.0 (最低：新規裁定者1,192,600円、既裁定者1,189,000円)

※報酬比例の年金額の計算方法は、特別支給の老齢厚生年金と同じ((2)参照)。ただし、平成15年3月以前の期間分についての乗率は1000分の7.125(平成12年改正前：1000分の7.5)、平成15年4月以後の期間分については1000分の5.481(平成12年改正前：1000分の5.769)。
※被保険者期間月数は障害認定日を含む月までで300月未満のときは300月として計算。

7 年金の給付

遺族給付

遺族厚生年金

【受けられる条件】

以下の場合、その遺族に支給される。

①厚生年金保険の被保険者が死亡したとき。

②厚生年金保険の被保険者だった人が、被保険者であったときに初診日のある病気・けがで初診日から5年以内に死亡したとき。

③1級または2級の障害厚生年金の受給権者が死亡したとき。

④平成29年7月までに老齢厚生年金の受給権者であった人が死亡したとき。

⑤保険料納付済期間、保険料免除期間および合算対象期間を合算した期間が25年以上ある人が死亡したとき。

遺族が子のある配偶者または子の場合には、遺族基礎年金に上乗せして支給。

遺族が子のない妻、子のない55歳以上の夫・父母・祖父母（支給開始は60歳）、孫の場合には、遺族厚生年金のみを支給（これらの遺族には、遺族基礎年金は支給されない）。

※①、②の場合は、国民年金の遺族基礎年金を受けられる保険料納付要件を満たしていること(⇨P.42)が必要。

【受けられる額（年額）】

報酬比例の年金額 × 3/4

※報酬比例の年金額の計算方法は、特別支給の老齢厚生年金と同じ(⇨P.43)。

※受けられる条件①～③の場合、被保険者期間月数が300月未満のときは300月として計算。

※受けられる条件④の場合、報酬比例部分の乗率は死亡した被保険者の生年月日による(⇨P.46)。

※子のいない40歳以上の妻および40歳以上で遺族基礎年金を失権した妻には、40歳～65歳の間、中高齢の加算596,300円が行われる(④⑤に該当する場合は、厚生年金保険に20年以上加入した者が死亡したとき)。

※子のいない30歳未満の妻は5年間の有期給付となる。

※65歳以上の遺族は自分自身の老齢厚生年金を全額受給したうえで、その額が上記の額より少ない場合は、その差額が遺族厚生年金として支給される。

※65歳以上の遺族配偶者が受給する場合は、遺族厚生年金の計算方法が異なる場合がある。

注1　老齢基礎年金の受給資格期間

1）保険料納付済期間
- 国民年金の保険料納付済期間（産前産後免除期間も含む：平成31年4月より）
- 国民年金の第2号被保険者期間（昭36.4～の被用者年金〔厚生年金保険・船員保険・共済組合〕の加入期間のうち20歳以上60歳未満の期間）　※旧JR・JT・NTT・農林漁業団体職員共済組合の組合員期間は、原則として、厚生年金保険の被保険者期間とみなされる。
- 第3号被保険者期間

2）合算対象期間（主なもの）
- 厚生年金保険、船員保険、共済組合の加入者の配偶者で、国民年金に任意加入しなかった期間（20歳以上60歳未満の期間）
- 国民年金の第2号被保険者期間（昭36.4～昭61.3の被用者年金の加入期間のうち20歳未満・60歳以後の期間）
- 昭36.3以前の被用者年金の加入期間
- 被用者年金の脱退手当金を受けた期間のうち昭36.4以後の期間
- 国民年金に任意加入したが保険料が未納となっている期間（20歳以上60歳未満の期間が対象）

3）国民年金の保険料免除期間

全額・半額・4分の1・4分の3免除期間、学生納付特例期間、若年者納付猶予期間。
※一部免除期間は減額された保険料を納付した期間

注2　加入可能年数

昭16.4.1以前に生まれた人は昭36.4.1から60歳になるまでの年数、それ以後に生まれた人は20歳から60歳になるまでの40年間をいう(⇨P.46④)。

注3　振替加算

老齢厚生年金・障害厚生年金には配偶者加給年金額が加算される場合があるが、配偶者が65歳になると加給年金額は打ち切られ、かわりに加給年金の対象となっていた配偶者の老齢基礎年金に振替加算される。振替加算の額はP.46⑤の額。

注4　特別支給の老齢厚生年金

男子……男子（国家公務員、地方公務員、私学教職員の女子も含む）
女子……女子（国家公務員、地方公務員、私学教職員を除く）　　　＊坑内員・船員を除く

1）男子は昭16.4.1以前生まれ(P.46⑧)、女子は昭21.4.1以前生まれの人には(P.46⑨)、60歳から定額部分＋報酬比例部分が支給される。
※女子の特例＝昭15.4.1以前生まれで厚生年金保険の被保険者期間が20年以上あるか、35歳以後の被保険者期間が15年以上ある女子は、P.46⑨の支給開始年齢から、定額部分＋報酬比例部分が支給される。

2）男子は昭16.4.2～昭24.4.1生まれ、女子は昭21.4.2～昭29.4.1生まれの人にはP.46⑧、⑨の支給開始年齢から定額部分＋報酬比例部分が支給される。60歳から定額部分の支給開始年齢までは報酬比例部分のみが支給される。

3）男子は昭24.4.2～昭28.4.1生まれ、女子は昭29.4.2～昭33.4.1生まれの人には60歳から報酬比例部分のみが支給される。

4）①傷病により厚生年金保険で定める障害等級3級以上に該当する程度の障害の状態にある人、②同じ種別で厚生年金保険に44年（528月）以上加入した人が被保険者資格を失っていれば、報酬比例部分が支給される際、定額部分もあわせて支給される（①については本人の請求が必要となる）。（障害者特例、長期加入特例）

注5　在職中の老齢厚生年金
　　老齢厚生年金の受給資格がある人が在職中（厚生年金保険に加入中）の場合、賃金等と年金の合計金額に応じて年金の一部または全部が支給停止となる。
【65歳以上の在職老齢年金の計算方法】
基本月額：年金額（報酬比例部分）÷12
総報酬月額相当額：（その月の標準報酬月額）＋（その月以前1年間の標準賞与額の合計）÷12

区分	支給年金月額
基本月額＋総報酬月額相当額 ≦ 48万円	全額支給（支給停止なし）
基本月額＋総報酬月額相当額 ＞ 48万円	基本月額－（基本月額＋総標準報酬月額－48万円）÷2

※支給年金月額がマイナスになる場合、報酬比例部分（加給年金額を含む）は全額支給停止となる。

※報酬比例部分が一部でも支給された場合は、加給年金額は全額加算される。

※65歳から支給される老齢基礎年金と経過的加算は、在職中であっても全額支給される。

※基準となる48万円は年金改定率の変更があった場合には政令により改定する。

【下表①〜③の受給資格期間の短縮の特例について】
老齢基礎年金の受給資格期間は平成29年8月からそれまでの25年以上から10年以上に短縮されました。平成29年7月までに生年月日に応じた下表①〜③の期間短縮措置に該当する場合は、支給開始年齢にさかのぼって給付を受けることができます。

■年金給付の経過措置一覧

（令和5年度）

生年月日	①資格期間	②被用者年金の加入期間	③厚年の中高齢加入期間	④加入可能年数	⑤配偶者の振替加算の乗率	⑤配偶者の振替加算額（年額）※1	⑥定額部分の読替	⑦定額部分の参考単価 単価×読替率※3（単価1,652円）	⑦報酬比例部分の乗率（1,000分の）総報酬制前	⑦総報酬制後	⑧（男子）報酬比例部分	⑧（男子）定額部分	⑨（女子）報酬比例部分	⑨（女子）定額部分	⑩配偶者の加給年金額（年額）（含特別加算）※2	経過的寡婦加算額（年額）※1
～大正15年4月1日	旧制度の老齢年金または通算老齢年金が支給されます															594,500円
大正15年4月2日〜昭和2年4月1日	21年	20年	15年	25年	1.000	228,100円	1.875	3,098円	9.500	7.308	60歳			55歳	228,700円	594,500円
昭和2年4月2日〜昭和3年4月1日	22年	〃	〃	26年	0.973	221,941円	1.817	3,002円	9.367	7.205	〃			〃	〃	564,015円
昭和3年4月2日〜昭和4年4月1日	23年	〃	〃	27年	0.947	216,011円	1.761	2,909円	9.234	7.103	〃			〃	〃	535,789円
昭和4年4月2日〜昭和5年4月1日	24年	〃	〃	28年	0.920	209,852円	1.707	2,820円	9.101	7.001	〃			〃	〃	509,579円
昭和5年4月2日〜昭和6年4月1日	25年	〃	〃	29年	0.893	203,693円	1.654	2,732円	8.968	6.898	〃			〃	〃	485,176円
昭和6年4月2日〜昭和7年4月1日		〃	〃	30年	0.867	197,763円	1.603	2,648円	8.845	6.804	〃			〃	〃	462,400円
昭和7年4月2日〜昭和8年4月1日		〃	〃	31年	0.840	191,604円	1.553	2,566円	8.712	6.702	〃			56歳	〃	441,094円
昭和8年4月2日〜昭和9年4月1日		〃	〃	32年	0.813	185,445円	1.505	2,486円	8.588	6.606	〃			〃	〃	421,119円
昭和9年4月2日〜昭和10年4月1日		〃	〃	33年	0.787	179,515円	1.458	2,409円	8.465	6.512	〃			57歳	262,500円	402,355円
昭和10年4月2日〜昭和11年4月1日		〃	〃	34年	0.760	173,356円	1.413	2,334円	8.351	6.424	〃			〃	〃	384,694円
昭和11年4月2日〜昭和12年4月1日		〃	〃	35年	0.733	167,197円	1.369	2,262円	8.227	6.328	〃			58歳	〃	368,043円
昭和12年4月2日〜昭和13年4月1日		〃	〃	36年	0.707	161,267円	1.327	2,192円	8.113	6.241	〃			〃	〃	352,317円
昭和13年4月2日〜昭和14年4月1日		〃	〃	37年	0.680	155,108円	1.286	2,124円	7.990	6.146	〃			59歳	〃	337,441円
昭和14年4月2日〜昭和15年4月1日		〃	〃	38年	0.653	148,949円	1.246	2,058円	7.876	6.058	〃			〃	〃	323,347円
昭和15年4月2日〜昭和16年4月1日		〃	〃	39年	0.627	143,019円	1.208	1,996円	7.771	5.978	〃			60歳	296,200円	309,977円
昭和16年4月2日〜昭和17年4月1日		〃	〃	40年	0.600	136,860円	1.170	1,933円	7.657	5.890	60歳	61歳		〃	330,000円	297,275円
昭和17年4月2日〜昭和18年4月1日		〃	〃	〃	0.573	130,701円	1.134	1,873円	7.543	5.802				〃	363,700円	277,460円
昭和18年4月2日〜昭和19年4月1日		〃	〃	〃	0.547	124,771円	1.099	1,816円	7.439	5.722		62歳		〃	397,500円	257,645円
昭和19年4月2日〜昭和20年4月1日		〃	〃	〃	0.520	118,612円	1.065	1,759円	7.334	5.642				〃	〃	237,830円
昭和20年4月2日〜昭和21年4月1日		〃	〃	〃	0.493	112,453円	1.032	1,705円	7.230	5.562		63歳		〃	〃	218,015円
昭和21年4月2日〜昭和22年4月1日		〃	〃	〃	0.467	106,523円	1.000	1,652円	7.125	5.481			60歳	61歳	〃	198,200円
昭和22年4月2日〜昭和23年4月1日		〃	16年	〃	0.440	100,364円	〃	〃	〃	〃		64歳		〃	〃	178,385円
昭和23年4月2日〜昭和24年4月1日		〃	17年	〃	0.413	94,205円	〃	〃	〃	〃				62歳	〃	158,570円
昭和24年4月2日〜昭和25年4月1日		〃	18年	〃	0.387	88,275円	〃	〃	〃	〃				〃	〃	138,755円
昭和25年4月2日〜昭和26年4月1日		〃	19年	〃	0.360	82,116円	〃	〃	〃	〃				63歳	〃	118,940円
昭和26年4月2日〜昭和27年4月1日		〃	－	〃	0.333	75,957円	〃	〃	〃	〃				〃	〃	99,125円
昭和27年4月2日〜昭和28年4月1日		21年	－	〃	0.307	70,027円	〃	〃	〃	〃				64歳	〃	79,310円
昭和28年4月2日〜昭和29年4月1日		22年	－	〃	0.280	63,868円	〃	〃	〃	〃	61歳	－		〃	〃	59,495円
昭和29年4月2日〜昭和30年4月1日		23年	－	〃	0.253	57,709円	〃	〃	〃	〃	〃	－		〃	〃	39,680円
昭和30年4月2日〜昭和31年4月1日		24年	－	〃	0.227	51,779円	〃	〃	〃	〃	62歳	－		〃	〃	19,865円
昭和31年4月2日〜昭和32年4月1日		－	〃	〃	0.200	45,740円	〃	〃	〃	〃	〃	－		〃	〃	
昭和32年4月2日〜昭和33年4月1日		〃	〃	〃	0.173	39,565円	〃	〃	〃	〃	63歳	－		〃	〃	
昭和33年4月2日〜昭和34年4月1日		〃	〃	〃	0.147	33,619円	〃	〃	〃	〃	〃	－	61歳	－	〃	
昭和34年4月2日〜昭和35年4月1日		〃	〃	〃	0.120	27,444円	〃	〃	〃	〃	64歳	－	〃	－	〃	
昭和35年4月2日〜昭和36年4月1日		〃	〃	〃	0.093	21,269円	〃	〃	〃	〃	〃	－	62歳	－	〃	
昭和36年4月2日〜昭和37年4月1日		〃	〃	〃	0.067	15,323円	〃	〃	〃	〃	65歳	－	〃	－	〃	
昭和37年4月2日〜昭和38年4月1日		〃	〃	〃			〃	〃	〃	〃	〃	－	63歳	－	〃	
昭和38年4月2日〜昭和39年4月1日		〃	〃	〃			〃	〃	〃	〃	〃	－	〃	－	〃	
昭和39年4月2日〜昭和40年4月1日		〃	〃	〃			〃	〃	〃	〃	〃	－	64歳	－	〃	
昭和40年4月2日〜昭和41年4月1日		〃	〃	〃			〃	〃	〃	〃	〃	－	〃	－	〃	
昭和41年4月2日〜		〃	〃	〃	－	—	〃	〃	〃	〃	－	－	65歳	－	〃	

※1　老齢基礎年金の配偶者の「振替加算額」欄と遺族厚生年金の「経過的寡婦加算額」欄は配偶者の年齢でみます。
※2　老齢厚生年金の「配偶者の加給年金額」欄のうち、昭和9年4月2日以降は、配偶者特別加算を加えた額となります。
※3　老齢厚生年金の「定額部分の参考単価」欄は1円未満を四捨五入します。
　　　68歳以上の単価1,652円は平成16年改正後の額1,628円に68歳以上の改定率（令和5年度は1.015）を乗じた額。
　　　67歳以下の単価1,657円は平成16年改正後の額1,628円に67歳以下の改定率（令和5年度は1.018）を乗じた額。

老齢給付年金請求書

年金の受給条件を満たしたとき、年金を受給するためには年金を受ける手続き（年金請求）が必要になります。

年金請求書（事前送付用）の送付

年金の受給権が発生する人に対し、年金支給開始年齢の誕生月から3カ月前に日本年金機構から「年金請求書（事前送付用）」が送付されます。年金請求書には、日本年金機構が把握している、基礎年金番号、氏名、生年月日、性別、住所、年金加入記録があらかじめ印字されています（印字内容に誤りがある場合には、二重線を引いて訂正します）。

60歳到達月の3カ月前に「年金に関するお知らせ（老齢年金のお知らせ）」または「年金に関するお知らせ（はがき）」が送られてきます。60歳到達後、何も送られてこない場合は、日本年金機構に登録されている住所と現住所が異なるなどの可能性がありますので、年金事務所等に問い合わせる必要があります。

送付されてきた年金請求書の印字内容を確認し、添付書類をそろえて年金事務所等に提出します。年金請求書（事前送付用）には、「年金の請求手続きのご案内」が同封され、添付書類について説明されていますので、添付書類はそれにしたがって添付します。マイナンバーの収録または記載により省略できる書類もあります。

事前送付用の年金請求書が届かなかった場合や紛失した場合などは、手書き用の年金請求書（年金事務所で配付）で、請求することができます。

年金請求書の提出先

【国民年金第1号被保険者期間だけの人】市（区）町村役場
【上記以外の人】最寄りの年金事務所、または街角の年金相談センター

失業等給付と年金の調整

定年退職等により失業給付の基本手当を受給している人は、特別支給の老齢厚生年金等が全額支給停止されます。また、高年齢雇用継続給付を受給中は在職老齢年金が調整（減額）されます。

特別支給の老齢厚生年金と失業給付との調整

特別支給の老齢厚生年金は、失業の認定を受けるために公共職業安定所で求職申込みをした月の翌月からその申込みによる基本手当の受給期間（または所定給付日数）の満了月まで、支給停止されます。ただし、基本手当の支給を受けたとされる日が1日もなかった月については、老齢厚生年金が支給されます。

	5月	6月	7月	3月	4月
特別支給の老齢厚生年金等	支給	支給停止（調整対象期間）			支給
失業給付の基本手当		支給			

（老齢厚生年金受給権発生▼5月、求職申込▼6月、基本手当受給期間満了▼3月）

■支給停止期間の精算（事後精算）

失業給付の基本手当を1日でも受けると、その月は年金の支給が停止されます。このため、老齢厚生年金を支給停止された月がある人は、基本手当の受給期間満了後、次の計算式によって精算を行います。支給停止解除月数が1以上の場合には、相当月数分の特別支給の老齢厚生年金がさかのぼって支給されます。

支給停止解除月数＝年金支給停止月数－（失業給付の支給対象となった日数/30）

※失業給付の支給対象となった日数を30で除した数に1未満の端数が生じた場合はその端数を1に切り上げます。

高年齢雇用継続給付との調整

60歳台前半の被保険者が、60歳時点に比べて75％未満に賃金が低下した場合に受給できる「高年齢雇用継続給付」を受けている間は、老齢厚生年金が一部支給停止となります。

■高年齢雇用継続給付

高年齢雇用継続給付（高年齢雇用継続基本給付金・高年齢再就職給付金）は、60歳以上65歳未満の雇用保険被保険者が以下の条件に該当する場合に支給されます。

(1)雇用保険の被保険者であった期間が5年以上あること
(2)60歳時点に比べて各暦月（支給対象月）の賃金が、60歳に達した日を離職日とみなして得た賃金日額（みなし賃金日額）×30日の75％に相当する額より低下した状態で雇用されていること

65歳未満の老齢厚生年金の受給権者が、厚生年金保険の被保険者で高年齢雇用継続給付を受給している間は、在職老齢年金の支給調整を行ったうえで、次の①〜③のような調整が行われます。

【支給調整の内容】
①標準報酬月額が、60歳到達時の賃金月額[※1]の61％未満である場合
  在職中の老齢厚生年金について、標準報酬月額の6％相当額が支給停止されます。
②標準報酬月額が、60歳到達時の賃金月額の61％以上75％未満の場合
  在職中の老齢厚生年金について、標準報酬月額の6％から支給停止率（高年齢雇用継続給付の給付額の減少により

7 年金の給付

徐々に減少される）を乗じて得た額が支給停止されます。

$$支給停止率 = \frac{-183x + 137.25}{280} \times \frac{100}{x} \times \frac{6}{15}$$

x：支給対象月に支払われた賃金額（みなし賃金※2額を含む）÷賃金月額×100

③標準報酬月額と高年齢雇用継続給付の合算額が、雇用保険法による高年齢雇用継続給付の支給限度額を超える場合

調整額＝（支給限度額－標準報酬月額）×6/15

④標準報酬月額が、60歳到達時の賃金月額の75%以上である場合、または標準報酬月額が高年齢雇用継続給付の支給限度額以上の場合

併給調整は行われません

※1　賃金月額：原則として60歳に到達する前6カ月間の平均賃金
※2　みなし賃金：支給対象月に支払われた賃金が低下した理由が、被保険者本人の非行、疾病・負傷、事業所の休業等によって減額された賃金があった場合に、その賃金が支払われたものとみなして定めた賃金のこと。

【高年齢雇用継続給付と年金の調整のしくみ】

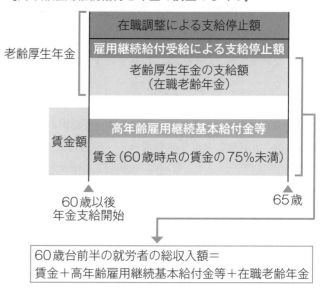

【60歳到達時の賃金月額に対する標準報酬月額の割合に応じた年金の支給停止率】

標準報酬月額 / 60歳到達時賃金月額	年金停止率	標準報酬月額 / 60歳到達時賃金月額	年金停止率
75.00%以上	0.00%	67.00%	3.12%
74.00%	0.35%	66.00%	3.56%
73.00%	0.72%	65.00%	4.02%
72.00%	1.09%	64.00%	4.49%
71.00%	1.47%	63.00%	4.98%
70.00%	1.87%	62.00%	5.48%
69.00%	2.27%	61.00%以下	6.00%
68.00%	2.69%		

（小数点以下2桁未満を四捨五入）

7 年金の給付

Q 昭和36年生まれの女性で、今年（令和5年）6月に62歳になります。今年の3月31日で雇用契約が満了を迎え、その後、失業給付を受けはじめています。
62歳から年金がもらえるとのことですが、失業給付と両方もらうことはできますか？

A 61歳で退職し、求職の申込みを行った場合は、離職事由による給付制限がない限り、求職日から7日間の待期期間が経過した日（求職日から数えて8日目）から、失業給付の支給が開始されます。特別支給の老齢厚生年金は、権利の発生した月の翌月から支給されますが、失業給付を受けていることから、権利の発生した月の翌月から失業給付の受給期間満了日の翌日（または所定給付日数を受け終わった日＝最終失業認定日）の属する月まで、特別支給の老齢厚生年金の支給を受けることができません。

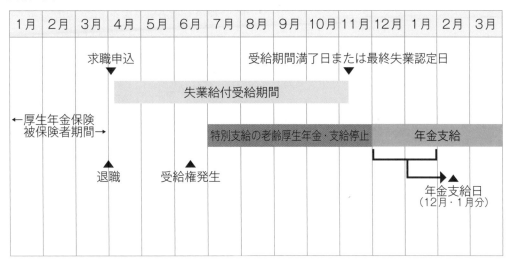

7 年金の給付

8 健康保険の給付

加入者（被保険者・被扶養者）の業務外の疾病、負傷、死亡及び出産について、保険給付を行います。なお、給付の請求には時効（2年）があります。

※業務災害・通勤災害は、労働者災害補償保険（労災保険）の適用となります。

本人・家族が病気・けがをしたとき

業務上・通勤災害および後期高齢者医療制度の対象者を除く

療養の給付に関する一部負担額

健康保険を扱っている病院・診療所（保険医療機関）の窓口に被保険者証を提示すれば、診察・治療・入院（食事を含む）など、必要な医療を受けられます。

本人・家族とも、受診のつどかかった医療費のうち、次の負担割合を医療機関の窓口で支払います（入院時の食事料は除く）。

70～74歳	2割
6歳に達する日以後の最初の3月31日まで（義務教育就学前）	2割
上記以外	3割

注：70～74歳で現役並み所得者は3割負担。現役並み所得者とは、標準報酬月額が28万円以上である70歳以上の被保険者とその被扶養者（被保険者が70歳未満の場合は、その被扶養者である高齢受給者は現役並み所得者とはなりません）。ただし70歳以上の被保険者およびその70歳以上の被扶養者の年収の合計額が520万円未満（70歳以上の被扶養者がいない場合は383万円未満）であるときは申請により、2割負担となります。なお、被扶養者が後期高齢者医療制度の被保険者となったときでも、被扶養者であった人の年収とあわせて計算できます（後期高齢者医療制度の被保険者でなくなった日の属する月以後5年を経過するまでの間に限る）。

入院時食事療養費に関する一部負担額

入院期間中の食事の費用は、入院患者が支払う標準負担額と、健康保険から現物給付として支給される入院時食事療養費でまかなわれます。

【食事療養標準負担額（1食あたり）】

区　分	標準負担額
一般	460円
指定難病患者、小児慢性特定疾病患者	260円
住民税非課税世帯の人	210円
住民税非課税世帯の人で1年間の入院日数が90日を超える場合	160円
住民税非課税世帯に属し、かつ所得が一定基準に満たない70歳以上の高齢受給者	100円

入院時生活療養費に関する一部負担額

療養病床に入院する65歳以上の人は、食費、居住費（光熱水費）に関する生活療養の費用について給付を受け、平均的な家計と比較し定められた標準負担額を負担します。

【生活療養標準負担額（65歳以上）】

区分		食費	居住費
一般	医療区分I（II・III以外の人）	1食につき460円※1	1日につき370円
	医療区分II・III（医療の必要性の高い人）	1食につき460円	1日につき370円
	難病患者等	1食につき260円	0円
低所得者II（住民税非課税世帯）		1食につき210円※2	1日につき370円※3
低所得者I（年金収入が80万円以下等）		1食につき130円※4	1日につき370円※3※4

※1　管理栄養士等を配置していない保険医療機関に入院している場合は420円となります。

※2　医療の必要性が高い人、難病患者等で過去1年の入院日数が90日を超える患者は160円。

※3　難病患者等は0円。

※4　境界層該当者（減額措置を受ければ生活保護が必要とならない人）の食費は100円、居住費は0円。

【必要な手続き】

保険医療機関の窓口に被保険者証を提出。70歳～74歳の人は「高齢受給者証」をあわせて提出。標準負担額の減額を受ける場合は「限度額適用・標準負担額減額認定証」をあわせて提出。

保険外併用療養費

健康保険では、保険が適用されない保険外診療があると、保険が適用される診療も含めて医療費の全額が自己負担となります。

ただし、厚生労働大臣の定める「評価療養」と「選定療養」と「患者申出療養」については、保険診療との併用が認められており、通常の治療と共通する部分（診察・検査・投薬・入院料等）の費用は一般の保険診療と同様に扱われ、共通部分は一部負担金を支払い、残りの額は「保険外併用療養費」として健康保険から現物給付が行われます。健康保険の給付の枠を超えた部分は自己負担することになります。

●評価療養……先進医療（高度医療を含む）、医薬品や医療機器の治験に係る診療、薬価基準収載前の承認医薬品の投

与、保険適用前の承認医療機器の使用、薬価基準に収載されている医薬品の適応外使用、保険適用されている医療機器の適応外使用
- ●選定療養……特別の療養環境の提供、予約診療、時間外診療、200床以上の病院の未紹介患者の初診、200床以上の病院の再診、制限回数を超える医療行為、180日を超える入院、前歯部の材料差額、金属床による総義歯、小児う触の治療後の継続指導管理
- ●患者申出療養……患者の申し出を起点として、有効性・安全性を確認のもと、国内未承認の医薬品や医療機器等高度の医療技術を用いた療養を身近な医療機関で実施できるもので、将来、保険適用を目指す計画の立てられる医療が対象

訪問看護療養費

　在宅で療養している人が、かかりつけの医師の指示に基づいて訪問看護ステーションの訪問看護を受けた場合、その費用が訪問看護療養費として現物給付されます。費用の自己負担は療養の給付と同様です。

【必要な手続き】
訪問看護ステーションに申込書を提出。

療養費

　やむを得ない事情で被保険者証を提示できず自費で受診したときや、海外で医療を受けたなど特別な場合、または、医師が治療上必要と認め、コルセットやサポーター等の治療用装具等を装着した場合、療養費が支給されます。

【必要な手続き】
「療養費支給申請書」を提出。

移送費

　病気やけがで移動が困難な患者が、医師の指示で一時的・緊急的必要があり移送された場合、保険者の承認を得れば移送費が支給されます。支給額は最も経済的な通常の経路及び方法により移送された場合の費用に基づいて算定した額の範囲内での実費です。

【必要な手続き】
「移送費支給申請書」を提出。

一部負担金が高額になったとき

高額療養費

　被保険者等が保険医療機関等に支払った一部負担金が一定の額を超えたときに請求することにより受けられます。

※同じ月に同じ保険医療機関ごとに支払った一部負担金が、次の自己負担限度額を超えたとき、その超えた額。また、同じ月に同じ保険医療機関ごとに支払った一部負担金21,000円以上の

ものが同一世帯において複数生じたとき、これらを合算して次の自己負担限度額を超えたとき、その超えた額。

※当月以前12カ月間に、すでに3回以上の高額療養費を受けているとき、4回目（＝多数該当）からは支払った一部負担金が次の額を超えたとき、その超えた額。

(1)70歳未満

所得区分	自己負担限度額
標準報酬月額 83万円以上	252,600円＋（総医療費－842,000円） ×1%〔多数該当140,100円〕
標準報酬月額 53万〜79万円	167,400円＋（総医療費－558,000円） ×1%〔多数該当　93,000円〕
標準報酬月額 28万〜50万円	80,100円＋（総医療費－267,000円） ×1%〔多数該当　44,400円〕
標準報酬月額 26万円以下	57,600円〔多数該当44,400円〕
低所得者 （住民税非課税等）	35,400円〔多数該当24,600円〕

(2)70歳〜74歳

所得区分			外来（個人ごと）	自己負担限度額 （世帯単位・入院含む）
現役並み		標準報酬月額 83万円以上	252,600円＋ (総医療費－842,000)×1% 〔多数該当140,100円〕	
		標準報酬月額 53〜79万円	167,400円＋ (総医療費－558,000)×1% 〔多数該当93,000円〕	
		標準報酬月額 28〜50万円	80,100円＋ (総医療費－267,000)×1% 〔多数該当44,400円〕	
一般		標準報酬月額 26万円以下	18,000円 〔年間上限 14.4万円〕	57,600円 〔多数該当 44,400円〕
低所得者	Ⅱ	住民税非課税世帯	8,000円	24,600円
	Ⅰ	住民税非課税世帯 年金収入80万円以下など		15,000円

【必要な手続き】
「高額療養費支給申請書」を提出。

■70歳以上と70歳未満の世帯合算（①②③の順で計算します）

①70歳以上の人の外来時自己負担額を個人単位で合算し、該当の限度額、(2)の表の「外来（個人ごと）」を適用

②70歳以上の人全員の自己負担額を世帯単位で合算し、該当の限度額、(2)の表の「世帯単位・入院含む」を適用

③70歳未満の人の自己負担額（21,000円以上のもの）と70歳以上の人の自己負担額を世帯全体で合算して、該当の限度額、(1)の表を適用

■高額療養費の現物給付化

　70歳未満の人であっても、保険者に「限度額適用認定申

請書」を事前に提出し、「限度額適用認定証」の交付を受けると、高額療養費を現物給付化し、一医療機関ごとの窓口での支払いを自己負担限度額までにとどめることができます。

※平成24年4月1日から、入院時だけでなく外来診療にも適用されるようになりました。

【必要な手続き】

医療機関の窓口に「限度額適用認定証」と被保険者証を提出。

■特定疾病の限度額

長期にわたって高額な医療費が必要となる特定疾病については、特例により自己負担限度額が1万円となります。ただし、人工透析を要する、標準報酬月額が53万円以上である70歳未満の被保険者や、その被扶養者で70歳未満の人の自己負担限度額は2万円となります。

【必要な手続き】

特定疾病の場合は「特定疾病療養受療証交付申請書」を提出。

高額介護合算療養費

世帯内の同一の医療保険の加入者について、毎年8月から1年間にかかった医療保険と介護保険の自己負担額（高額療養費及び高額介護〔予防〕サービス費の支給を受けることができる場合には、その額を除く）※1を合計し、基準額を超えた場合※2に、その超えた金額を支給します。

※1 医療保険・介護保険の自己負担額のいずれかが0円である場合は支給されません。また、70歳未満の医療保険の自己負担額は、医療機関別、医科・歯科別、入院・通院別に21,000円以上ある場合に合算の対象となり、入院時の食費負担や差額ベッド代等は含みません。

※2 その超えた金額が501円以上の場合に限ります。

70歳未満の人

所得区分	基準額
標準報酬月額83万円以上	212万円
標準報酬月額53万～79万円	141万円
標準報酬月額28万～50万円	67万円
標準報酬月額26万円以下	60万円
低所得者 （被保険者が市区町村民税の非課税者等）	34万円

70歳から74歳の人

所得区分		基準額
標準報酬月額83万円以上		212万円
標準報酬月額53～79万円		141万円
標準報酬月額28～50万円		67万円
標準報酬月額26万円以下		56万円
低所得者	II※1	31万円
	I※2	19万円

※1 被保険者が市区町村民税の非課税者等である場合。

※2 低所得者I 被保険者とその扶養家族全ての人の収入から必要経費・控除額を除いた後の所得がない場合。

【必要な手続き】

「高額介護合算療養費支給申請書兼自己負担額証明書交付申請書」に、他の健康保険の保険者および介護保険者から交付された「自己負担額証明書」を添付、またはマイナンバーによる課税情報等の確認申出書に身元確認を行うための書類を添付して提出。

本人が病気・けがのため仕事につけないとき

傷病手当金

被保険者が業務外の事由による病気やけがのため働くことができず、療養のために連続して3日以上欠勤して給料が受けられないとき、欠勤4日目以降、支給開始日から通算して1年6カ月に達する日までを限度として、仕事に就くことができない状態で給料の支払いがない日に対して傷病手当金が支給されます。

支給額は1日あたり、傷病手当金の支給を始める日の属する月以前の直近の継続した12月間の各月の標準報酬月額を平均した額の30分の1に相当する額の3分の2の額が支給されます。

※給料が支払われた場合、その額が傷病手当金の額より少ないときはその差額が支給されます。

※同一傷病で障害年金の受給要件に該当する場合で、傷病手当金の額の方が高いときは、その差額が支給されます。

【必要な手続き】

「傷病手当金支給申請書」に、休業期間とその期間に対する給与の支払いについての事業主の証明を受け、労務不能についての医師の意見を記入してもらい提出。

本人（家族）が出産したとき

出産手当金

被保険者が出産のため会社を休み、給料を受けられないとき、出産の日（実際の出産が予定日後のときは出産予定日）以前42日（多胎妊娠の場合は98日）から、出産の日の翌日以後56日までの間、欠勤1日につき出産手当金の支給を始める日の属する月以前の直近の継続した12月間の各月の標準報酬月額を平均した額の30分の1に相当する額の3分の2の額が支給されます。

※給料が支払われた場合、その額が出産手当金の額より少ないときは、その差額が支払われます。

【必要な手続き】
「出産手当金支給申請書」に、給料の支払いについての事業主の証明を受け、医師等の証明を記入してもらい提出。

出産育児一時金（家族出産育児一時金）

被保険者や被扶養者が出産したときは、申請により出産育児一時金（家族出産育児一時金）として1児につき50万円（産科医療補償制度に加入していない医療機関等で出産した場合や、自宅で出産した場合は48.8万円）が支給されます（令和5年4月1日以降の出産の場合）。

■産科医療補償制度

妊婦が安心して出産できるように分娩機関が加入する制度で、制度に加入した機関で出産し、万一分娩時の何らかの理由により赤ちゃんが重度の脳性まひとなったとき、赤ちゃんと家族の経済的負担が補償され、脳性まひ発症の原因を分析し、再発防止に役立つ情報を提供します。

■出産育児一時金の直接支払制度

出産育児一時金を保険者から医療機関等へ直接支払う制度。出産育児一時金が直接医療機関に支給されるため、被保険者等が医療機関等へまとめて支払う出産費用の負担の軽減を図ることができます。なお、直接支払制度を利用する場合は、「直接支払制度の利用に合意する文書」に同意する必要があります。

また、小規模な分娩施設等では、受取代理（被保険者等が受け取るべき出産一時金を医療機関等が被保険者に代わって受け取る）制度があります。

【注1】直接病院などへ出産育児一時金が支払われることを希望しない場合は、従来どおり出産費用を支払い、出産後の申請で一時金として受け取ることもできます。

【注2】出産にかかった費用が出産育児一時金の支給額（原則50万円）の範囲内であった場合には、その差額分は後日保険者に請求することになります。また、出産の費用が支給額を超える場合は、その超えた額を医療機関等に支払います。

【注3】受取代理制度を利用できる医療機関等は、厚生労働省へ届出を行った一部の医療機関等に限られるため、当該制度の利用については出産予定の医療機関等へ確認が必要となります。また、受取代理制度の利用を申請できるのは、出産予定日まで2カ月以内の人に限られます。

【必要な手続き】
• 直接支払制度を利用し、差額分を請求する場合……「出産育児一時金内払金支払依頼書・差額申請書」（医師等または市町村の証明を受けて提出）または「健康保険出産育児一時金差額申請書」を提出。

• 直接支払制度を利用せず出産した場合……「出産育児一時金支給申請書」に、医療機関等から交付される、直接支払制度を用いていない旨の記載がある出産費用の領収書を添えて提出。

• 受取代理制度を利用する場合……「出産育児一時金等支給申請書（受取代理用）」に、医療機関等の証明を受けて提出。

• 海外で出産した場合……「出産育児一時金等支給申請書」に、他の保険者には申請していないこと等を記載した文書等を添えて提出。

本人（家族）が死亡したとき

埋葬料（費）

被保険者が死亡したときは、埋葬を行った家族（被保険者に生計を維持されていた人であれば被扶養者でなくてもよい）に5万円が支給されます。

家族以外の人が埋葬を行ったときは、同じ額の範囲内で埋葬にかかった費用が埋葬費として、埋葬を行った人に支給されます。

家族埋葬料

被扶養者が死亡したとき、家族埋葬料として5万円が支給されます。

【必要な手続き】
「埋葬料（費）支給申請書」に、死亡についての証明書類（埋葬許可証・死亡診断書等の写または事業主の証明）、埋葬費の場合は埋葬の費用の領収書を添えて提出

退職後の給付

傷病手当金・出産手当金

1年以上継続して被保険者であった人が、被保険者の資格を失ったとき、傷病手当金または出産手当金を現に受けているか、支給を受ける条件を満たしているときは、期間が満了するまでの範囲内で給付を受けることができます。

ただし、資格喪失後傷病手当金の継続給付を受けている人が老齢厚生年金等を受けることができるときは、傷病手当金は支給されません（ただし老齢厚生年金等の額が下回る場合は、差額が支給されます）。

出産育児一時金

1年以上継続して被保険者であった人が、資格喪失後6カ月以内に出産をしたときは、出産育児一時金が支給されます。

なお、被保険者の資格喪失後にその被扶養者だった家族が出産しても、家族出産育児一時金は支給されません。

埋葬料（費）

被保険者だった人が、①資格喪失後3カ月以内に死亡したとき、②資格喪失後、傷病手当金・出産手当金の給付を受けている間に死亡したとき、③②の給付を受けなくなってから後3カ月以内に死亡した場合は、埋葬料（費）が支給されます。

なお、被扶養者であった人が資格喪失後に死亡した場合は、家族埋葬料は支給されません。

【必要な手続き】

在職中と同じ。ただし事業主の証明は不要。

高額医療費・出産費貸付制度

協会けんぽでは、高額な医療費の支払いに充てるための費用が必要である場合や、出産に要する費用が必要である場合に、高額療養費または出産育児一時金が支給されるまでの間、無利子の貸付制度があります。

高額医療費貸付

高額療養費を請求してから支給されるまでの間、医療費の自己負担額の支払いに充てる資金として、高額療養費支給見込額の8割相当額を無利子で貸し付ける制度です。

【申込方法】

「高額医療費貸付金貸付申込書」に必要事項を記入し、次の書類を添付のうえ、協会けんぽ各支部に提出します。

①医療機関（病院等）の発行した、保険点数（保険診療対象総点数）のわかる医療費請求書

②被保険者証または受給資格者票等（原本提示。郵送の場合は写し）

③高額医療費貸付金借用書

④高額療養費支給申請書（貸付用）

出産費貸付

直接支払制度に対応していない医療機関等で出産する人などに、出産育児一時金が支給されるまでの間、無利子で貸付を行う制度です。

貸付金額は1万円を単位とし、出産育児一時金支給見込額の8割相当額が限度となります。

協会けんぽの被保険者または被扶養者で、出産育児一時金の支給が見込まれる人のうち、次の①もしくは②に該当する人が対象となります。

①出産予定日まで1カ月以内の人。

②妊娠4カ月（85日）以上の人で、病院・産院等に一時的な支払いを要する人。

【申込方法】

「出産費貸付金貸付申込書」に必要事項を記入し、次の書類を添付のうえ、協会けんぽ各支部に提出します。

①出産費貸付金借用書

②被保険者証または受給資格者票等（原本提示。郵送の場合は写し）

③出産育児一時金支給申請書

④出産予定日あるいは妊娠4カ月（85日）以上であることが確認できる書類（母子健康手帳の写し等）

⑤医療機関等が発行した出産費用の請求書等

■返済方法

貸付金の返済は、協会けんぽへ支給申請した高額療養費、もしくは出産育児一時金の給付金の支払を返済金に充てます。残額は支給申請書で指定した金融機関に振り込まれます。

※なお、医療費の減額や不支給等により、貸付金が返済されなかったとき、または不足の場合は返納通知書が送付されますので、期日までに返納する必要があります。

※詳しくは、協会けんぽ各支部までお問い合わせください。

種類	受けられる条件	受けられる額
療養の給付 入院時食事療養費 （家族療養費）	療養の給付を受ける月の前２カ月間に通算26日分以上か前６カ月間に通算78日分以上の保険料を納めた人が病気・けがをしたとき、同一の病気・けがにより療養の給付を受け始めてから１年間（結核性疾病の場合は５年間）。 被扶養者が病気・けがをした場合、被保険者が上記の条件を満たしているとき。	被保険者、被扶養者とも、小学校入学以上70歳未満は７割（自己負担は３割）、小学校入学前は８割（自己負担は２割）。70歳以上（後期高齢者医療制度の被保険者は除く）の自己負担は所得に関わらず２割。入院時食事療養費は一般被保険者と同様（⇨P.50）。
保険外併用療養費	保険医療機関で、前歯部に金合金等の提供などの選定療養を受けたときや、特定承認保険医療機関で、高度先進医療を受けたときなど。	上記と同じ（⇨P.50）。
訪問看護療養費 家族訪問看護療養費	療養の給付の保険料納付要件を満たしている被保険者で、在宅の難病患者等が訪問看護ステーションの訪問看護を受けたとき。 療養の給付の保険料納付要件を満たしている被保険者の被扶養者で、在宅の難病患者等が、訪問看護ステーションの訪問看護を受けたとき。	看護費用のうち、上記の療養の給付・家族療養費と同じ給付割合を支給。
療養費 移送費	やむを得ない事情で保険診療を受けられなかったときや移送費など、保険者が認めた場合。保険料納付条件は療養の給付と同じ。	上記の療養の給付・家族療養費の範囲内で支給。
高額療養費	１人１カ月の保険診療分の自己負担額が一定の額（⇨P.51）を超えたとき。	一般被保険者と同様に一定の負担限度額を超えた額を支給（⇨P.51）。
特別療養費	①初めて日雇特例被保険者手帳を受けた人。 ②療養の給付の保険料納付要件を満たした月において日雇特例被保険者手帳に健康保険印紙を貼り付けるべき余白がなくなった人。 ③保険料納付要件を満たした翌月に手帳を返納した後、初めて手帳の交付を受けた人。 ④前に交付を受けた手帳に健康保険印紙を貼り付けるべき余白がなくなった日または手帳を返納した日から１年以上たって手帳の交付を受けた人が病気やけがをしたとき、日雇特例被保険者手帳を受けた日から３カ月（月の初日に手帳を受けた人は２カ月）の範囲で必要な医療を受けられる。	上記の療養の給付・家族療養費の範囲内で支給。
傷病手当金	初めて療養の給付を受けた月の前２カ月間に通算して26日分以上または前６カ月間に通算して78日分以上の保険料を納めた被保険者が病気・けがをして、療養のため仕事につけず、賃金が受けられないとき、休業４日目から６カ月（結核性疾患は１年６カ月）の範囲内で支給。	休業１日につき、前２カ月か前６カ月の各月ごとの標準賃金日額の合算額のうち、最大のものの45分の１に相当する金額。
出産育児一時金 家族出産育児一時金	出産月の前４カ月間に通算26日分以上の保険料を納めた被保険者が、妊娠４カ月（85日）以上で出産したとき。 出産月の前２カ月間に通算26日分以上か前６カ月間に通算78日分以上の保険料を納めた被保険者の被扶養者が出産したとき。	被保険者・被扶養者とも１児につき50万円。ただし、分娩機関が産科医療補償制度に加入していない場合は48.8万円
出産手当金	出産月の前４カ月間に通算26日分以上の保険料を納めた被保険者が、出産のため休業し、賃金を受けられないとき。出産日以前42日（多胎妊娠は98日）から出産日後は56日以内で支給。予定日後に出産した場合も、その期間支給。	休業１日につき、出産月の前４カ月間の標準賃金日額の各月ごとの合算額のうち、最大のものの45分の１に相当する金額。
埋葬料（費） （家族埋葬料）	死亡月の前２カ月間に通算26日分以上か前６カ月間に通算78日分以上の保険料を納めた被保険者が死亡したとき。療養の給付等を受けている被保険者が死亡、または療養の給付等を受けなくなってから３カ月以内に死亡したとき。死亡月の前２カ月間に通算26日分または前６カ月間に通算78日分以上の保険料を納めた被保険者の被扶養者が死亡したとき。	標準賃金日額に関係なく一律５万円。家族埋葬料も５万円。

8 健康保険の給付

第三者行為による傷病届

　自動車事故など、けが・病気の原因が第三者の行為によるものでも、業務外であれば健康保険で診療（療養の給付・家族療養費）を受けられます。仕事を休んで給料をもらえない場合は傷病手当金を、死亡した場合は埋葬料・家族埋葬料を受けられます。

　第三者行為によるものは、もともと加害者が支払うべきものを健康保険が支払うわけですから、保険者（協会けんぽ、健康保険組合）は保険給付に要した費用を加害者または自動車保険の会社に請求して取り戻すことになります。つまり、健康保険の給付が行われると、被害者が持っている損害賠償請求権が自動的に保険者に移り（損害賠償請求権の代位取得）、保険者が損害賠償を請求することになります。第三者の行為によってけが・病気をして健康保険の給付を受けた場合は、できるだけ早く「交通事故、自損事故、第三者（他人）等の行為による傷病（事故）届」を、必要な添付書類を添えて保険者に提出します。届書をすぐに作成できないときは、口頭や電話でもできるだけ早く保険者に届け出ておき、後日できるだけ早く正式な書類を提出します。

　健康保険で治療を受けている間に示談が成立し、被害者が治療費を含む賠償金を受け取った場合には、その日以後は健康保険で治療を受けられなくなります。

　※相手方より補償を受けられる場合には、健康保険より二重の給付は受けられません。

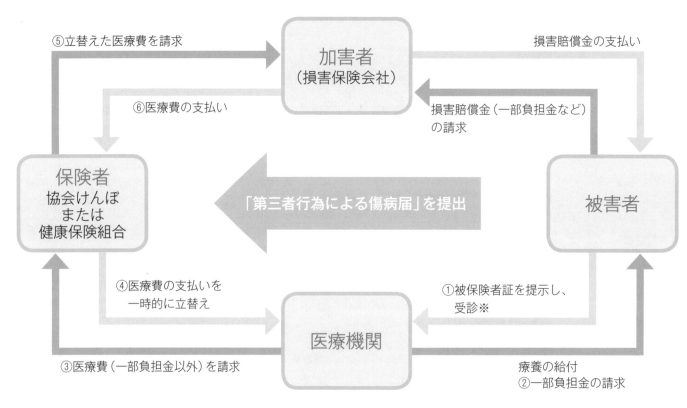

　※医療機関を受診するときは、第三者行為による傷病であることを伝えます。なお、被保険者証を使用する際に保険者から了承を受けているか確認を求められるケースがありますので、被保険者証使用の際は事前に保険者に連絡します。

業務上・通勤災害のときは被保険者証を使用できません

必要書類

用紙1　交通事故、自損事故、第三者（他人）等の行為による傷病（事故）届
　　　※事故の過失に係わらず、今回の事故により健康保険を使用する人を「被害者」・事故相手を「加害者」として記入
　　　　します。事故相手が不明な場合は、加害者欄は『不明』と記入してその理由を空いている場所に記入します。

用紙2　負傷原因報告書　（被害者が何をしていたときに事故に遭ったかを記入）

用紙3　事故発生状況報告書
　　　※信号の色や標識等も記載します。

用紙4　損害賠償金納付確約書・念書　（加害者側が記入。加害者が未成年の場合は親権者）
　　　※事故相手に渡し、記入してもらいます。
　　　※事故の相手が不明な場合は、白紙のままその他の書類と一緒に提出します。
　　　※加害者側で記入不可のときはその理由を書類にメモ書きします。

用紙5　同意書　（被害者が記入。被害者が未成年の場合は親権者も記入）

【添付書類】
- 交通事故証明書（自動車安全運転センターでの証明書）
　交通事故証明が物損事故扱いの場合は人身事故証明書入手不能理由書
- 加害車の自賠責保険証明書のコピー
- 示談が成立済の際は示談書のコピー
- 被害者が死亡の場合は死亡診断書のコピー

第三者行為による傷病届

今回の傷病の原因について、相手がいる。

 いいえ
（第三者行為には該当しません）
交通事故以外の傷病　　　用紙2
交通事故での傷病　　　用紙2、3
＊交通事故証明書があれば添付

 はい

今回の傷病について、相手が誰だかわかっている。

 いいえ
（第三者行為・相手不明の事故）
用紙1、2、3、5
＊交通事故証明書があれば添付
【相手が判明したときは必ず連絡します】

 はい

今回の傷病の原因が交通事故によるものである。
（歩行中や自転車事故を含む）

 いいえ
（第三者行為・傷害事故）
用紙1、2、3、4、5
＊用紙5「確約書」が取り付けられない場合
　は、その理由をメモ書きして添付する。

 はい

（第三者行為・交通事故）
用紙1、2、3、4、5、及び交通事故証明書を添付する
　＊必要により相手車両の自動車損害賠償責任保険証明書（写）
　　・示談書（写）等を添付
　＊用紙4「確約書」が取り付けられない場合は、その理由をメモ
　　書きして添付する。

【注意】
①示談書は、示談が成立している場合のみ（写）を添付します。
②交通事故証明書は「人身事故扱い」になっている原本を添付します。交通事故証明書がない場合や「物損事故扱い」になっている場合は別途書類が必要になる場合があります。
③交通事故証明書の中に、相手車の自賠責保険の記号番号が記載されていない場合は、相手車の「自動車賠償責任保険証明書（写）」を添付します。
④被害者が死亡している場合は「死亡診断書」（写）も添付します。

9 労働保険のあらまし

労働保険料のしくみ

労働保険

労働保険とは、労働者災害補償保険（以下「労災保険」）と雇用保険を総称したものをいいます。

保険給付（⇨P.59）は各保険制度ごとに行われますが、保険料は労働保険料として一緒に納付します。事業主は原則、労働者を1人でも雇っていれば加入手続きを行い、労働保険料を納付しなければならないことになっています。

■労災保険とは

業務上の事由または通勤による負傷や疾病等に対して必要な保険給付を行います。また、障害を残したり死亡したりした場合に被災労働者や家族に必要な補償を行うとともに、被災労働者の社会復帰のための事業も行っています。

■雇用保険とは

労働者が失業した場合や、雇用の継続が困難となる事由が生じた場合などに必要な給付を行うことで労働者の生活や雇用の安定を図るほか、再就職を促進するための必要な給付も行っています。

労働保険料の種類

一般保険料：労働者に支払う賃金総額をもとに算定する通常の保険料

第1種特別加入保険料：中小企業の事業主等の特別加入者についての保険料（労災保険）

第2種特別加入保険料：1人親方の特別加入者についての保険料（労災保険）

第3種特別加入保険料：海外派遣者の特別加入についての保険料（労災保険）

印紙保険料：雇用保険の日雇労働被保険者の雇用保険印紙による保険料

保険料率

■労災保険料率

労災保険料は、「労災保険料率の設定に関する基本方針」に従い3年ごとに改定され、平成30年度に改定されました。

労災保険料は、事業の種類により料率が定められますが、令和5年度も前年度から変更なく、平均で4.5/1000（最低2.5/1000〜最高88/1000）となっています（全額事業主負担）。

【労災保険料のメリット制】

労災保険には災害発生率に応じて労災保険料を−40%から+40%の幅で増減する「メリット制」があります。平成24年4月1日からは建設業と林業で、メリット制の適用要件である確定保険料（使用した労働者に実際に支払った賃金総額に、労災保険料率を乗じて算定する労災保険料）の額を現行の100万円以上から40万円以上100万円未満に緩和し適用対象を拡大しています。

■雇用保険料率

令和5年度の雇用保険料率は下記のとおりとなります。

	①労働者負担	②事業主負担	失業等給付・育児休業給付の料率	雇用保険二事業の料率	①＋②雇用保険料率
一般の事業	0.6%	0.95%	0.6%	0.35%	1.55%
農林水産・清酒製造の事業	0.7%	1.05%	0.7%	0.35%	1.75%
建設の事業	0.7%	1.15%	0.7%	0.45%	1.85%

令和2年4月より、保険年度の初日（4月1日）において満64歳以上の労働者についても、一般保険料のうちの雇用保険に相当する保険料が徴収されています。

■一般拠出金

石綿による健康被害者の救済にあてる費用で、労働保険の確定保険料の申告に合わせて申告納付します。

一般拠出金料率は1000分の0.02です。

労働保険料の申告・納付（年度更新）

労働保険料は、毎年4月1日から翌年3月31日までの1年間を単位として計算します。金額は労働者（雇用保険については、被保険者に該当しない人は除く）に支払われる賃金の総額に、その業種で定められた保険料率を乗じて算定します。

工場や事務所等の継続事業は、年度当初に1年分の保険料を計算し、「概算保険料」として申告、納付します。前年度の保険料額を確定し、前年度に申告した概算保険料と精算して納付することになっています。これを「年度更新」といいます。

※年度更新の手続きは毎年6月1日から7月10日までの間に行います。

一般保険料＝賃金総額×（雇用保険料率＋労災保険料率）

一般拠出金＝賃金総額×（一般拠出金率）

労働保険の給付

労災保険の給付

■保険給付

労災保険の保険給付には、業務災害と通勤災害に関する保険給付があります。

【労働保険の給付一覧】

どんなとき	給付の種類 ［カッコ内は通勤災害］	
ケガや病気になったとき	療養補償給付	［療養給付］
傷病の療養のため休業するとき	休業補償給付	［休業給付］
療養開始後1年6カ月で治癒せず傷病等級に該当するとき	傷病補償年金	［傷病年金］
障害等級表に定める障害が残ったとき（障害補償給付）	障害補償年金	［障害年金］
	障害補償一時金	［障害一時金］
死亡したとき （遺族補償給付）	遺族補償年金	［遺族年金］
	遺族補償一時金	［遺族一時金］
	葬祭料	［葬祭給付］
介護を要する状態になったとき	介護補償給付	［介護給付］

■二次健康診断等給付

労働安全衛生法に基づく定期健康診断等で脳血管疾患や心臓疾患に関する一定の項目（血圧・血中脂質・血糖・肥満度）について異常の所見が出た場合、二次健康診断および脳・心臓疾患に関する特定保健指導を受診することができます。

■第三者行為による災害

他人による交通事故など、第三者の行為が原因となって生じた業務災害や通勤災害では、被災労働者または遺族は「第三者行為災害届」を提出し、損害賠償と労災保険の給付との調整を行います。自動車事故による災害に関しては原則として、自動車損害賠償責任保険などを先に請求することになっています。

■社会復帰促進等事業

- 社会復帰促進事業（療養やリハビリテーションに関する施設の設置や運営等）
- 被災労働者等援護事業（特別支給金の支給等）
- 安全衛生確保事業（長時間労働対策事業、ワーク・ライフ・バランス推進事業など）

雇用保険の給付

【失業等給付】

求職者 給付	一般被保険者に対し	基本手当
		技能習得手当
		寄宿手当
		傷病手当
	高年齢被保険者に対し	高年齢求職者給付金
	短期雇用特例被保険者に対し	特例一時金
	日雇労働被保険者に対し	日雇労働求職者給付金
就職促進 給付	就業促進手当	就業手当
		再就職手当
		就業促進定着手当
		常用就職支度手当
	移転費	
	広域求職活動支援費	
教育訓練 給付	教育訓練給付金・教育訓練支援給付金	
雇用継続 給付	高年齢雇用継続給付	高年齢雇用継続基本給付金
		高年齢再就職給付金
	介護休業給付	介護休業給付金
育児休業 給付	出生時育児休業給付金・育児休業給付金	